アスリートでたどる

ジャパン
JAPAN SPORTS
スポーツ

スキー・スケート

監修・佐野慎輔

アスリートでたどる ジャパンスポーツ
スキー・スケート

もくじ

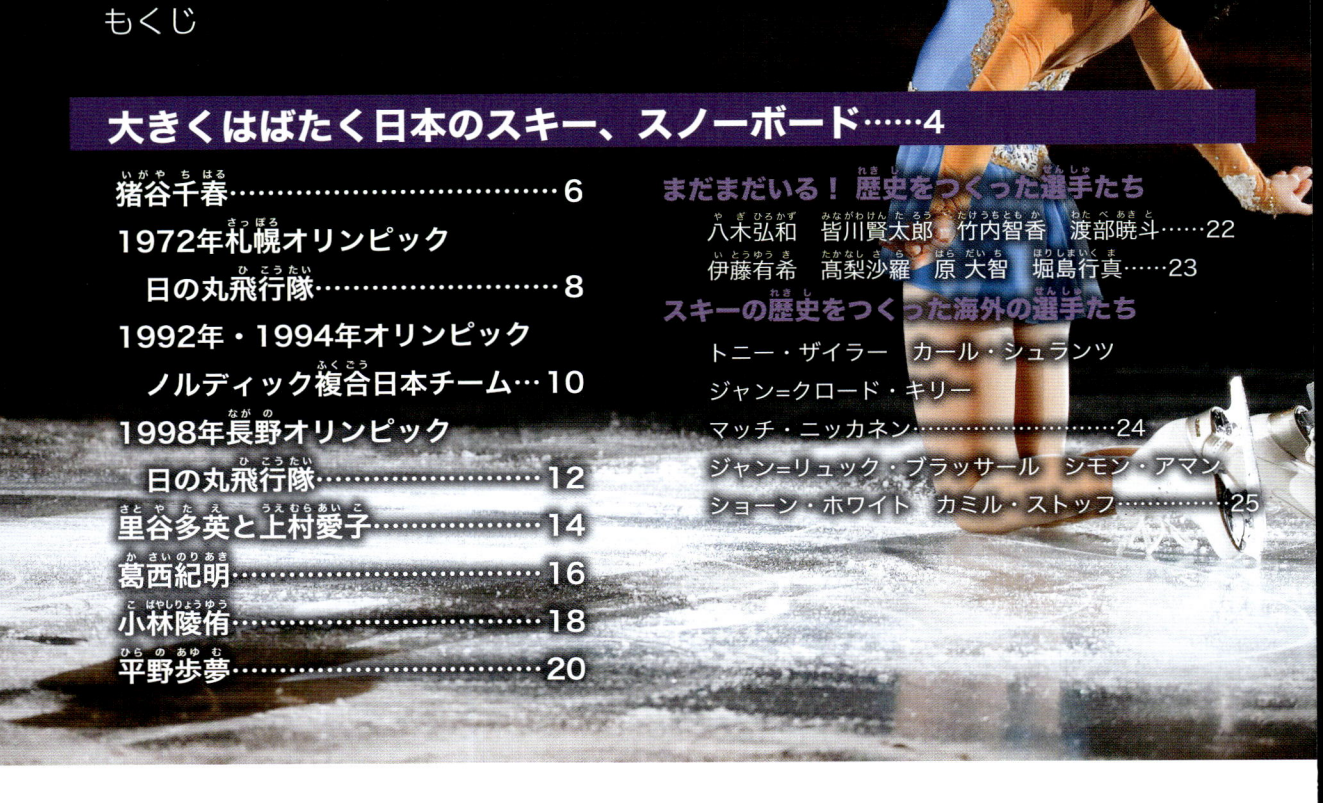

大きくはばたく日本のスキー、スノーボード……4

用語解説

スキー（競技・種目）

アルペンスキー

雪の斜面を滑りおりるスキー種目。旗門（ポール）のあいだを滑りおりてタイムを競う。旗門と旗門の間隔がせまい順に、回転、大回転、スーパー大回転、滑降がおこなわれている。スキー板とスキー靴は固定されている。

クロスカントリースキー

雪のつもった野原や丘などの長い距離を滑りタイムを競う。アルペンスキーと異なり、つま先はスキー板に固定されているが、かかとは固定されていない。

スノーボードパラレル大回転

2人の選手が同時に、旗門（ポール）のあいだを滑りおりてタイムを競うスノーボードの種目。

スキー（大会）

アルペンスキーワールドカップ

国際スキー・スノーボード連盟（FIS）が毎年おこなう大会。回転、大回転、スーパー大回転、滑降の4種目で競う。種目別の優勝者と総合優勝者を決定する。

ノルディックスキーワールドカップ

国際スキー・スノーボード連盟（FIS）が毎年おこなう大会。スキー・ジャンプ、ノルディック複合、クロスカントリースキーでそれぞれ優勝者を決定する。

フリースタイルスキーワールドカップ

国際スキー・スノーボード連盟（FIS）が毎年おこなう大会。モーグル、スロープスタイル、エアリアル、ビッグエアなどがおこなわれ、それぞれに勝者がきまる。モーグルは1人ずつ滑って得点を競うシングルと、2人同時に滑って得点を競う

デュアルがおこなわれる。オリンピックではシングルのみがおこなわれている。

フィギュアスケート（競技・種目）

ジャンプ

うしろ向きに滑って踏みきって空中で回転し、うしろ向きに着氷するジャンプとして、つま先（トウ）で氷面をつくかどうか、内側・外側どちらのエッジを使うかなどによって、「サルコウ」「トウループ」「フリップ」「ループ」「ルッツ」の5種類のジャンプがある。ほかに、前向きに踏みきって空中で回転してうしろ向きに着氷し、ほかのジャンプより半回転多く難易度の高い「アクセル」がある。

ショートプログラム（男女シングルの場合）

演技時間は2分40秒。2回転以上のアクセルジャンプを1回、アクセル以外の3回転を1回など、いくつものきまりがある。

フリースケーティング（男女シングルの場合）
演技時間は4分。ショートプログラムより自由に演技できるが、アクセルジャンプ1回を含むジャンプを7回までおこなうなどのきまりがある。

フィギュアスケート（大会）

グランプリシリーズ
国際スケート連盟（ISU）が毎年おこなう大会。アメリカ、カナダ、中国、フランス、日本、フィンランドの6か国で競技をおこなう。選手は2大会に出場できる。6大会の上位選手がグランプリファイナルに出場し、勝者が決定する。グランプリファイナルは各国のもちまわりで開催される。

世界選手権
国際スケート連盟（ISU）が毎年おこなう、フィギュアスケートの世界一をきめる大会。男女シングル、ペア、アイスダンスをおこなう。参加できるのは

17歳以上の選手。それまでの成績におうじて各国に1～3人の出場枠があたえられる。

全日本選手権
日本スケート連盟が毎年おこなう、フィギュアスケートの日本一をきめる大会。男女シングル、ペア、アイスダンスで15歳以上の選手が参加するが、15歳未満でもみとめられれば参加できる。

四大陸選手権
ヨーロッパ以外の選手が参加する国際大会。

スピードスケート（競技・種目）

マススタート
一般のスピードスケート種目は2人の選手が同時にスタートしてタイムを競うが、マススタートでは、20人前後の選手が同時にスタートしてポイントで順位を競う。

スピードスケート（大会）

世界距離別選手権
個人種目では、男子が500m、1000m、1500m、5000m、10000m、マススタート、女子が500m、1000m、1500m、3000m、5000m、マススタートの各6種目がおこなわれる。ほかに男女のチームパシュートもおこなわれる。

世界スプリント選手権
500mと1000mを2本ずつ滑り、総合順位で表彰される。

ワールドカップ
男子は500m、1000m、1500m、5000mか10000m、マススタート。女子は500m、1000m、1500m、3000mか5000m、マススタートで競われる。毎年9月から翌年3月まで各国を転戦し、距離別にシーズン総合チャンピオンがきまる。大会ごとに、実施種目（距離）がかわることがある。

大きくはばたく
日本のスキー、スノーボード

スキーの普及と発展

　日本で本格的にスキーの指導をはじめたのは、オーストリアの軍人テオドール・エードラー・フォン・レルヒ少佐だった。1911年1月、レルヒ少佐は新潟県で日本陸軍の将校14人にスキーを教えた。その将校たちが各地で指導して、スキーは急速に普及していく。レルヒ少佐が教えた技術は長い杖を1本使って滑るスキーテクニックだった。

　スキーは雪国の生活になくてはならない存在になるとともに、競技としても発展していく。1928年におこなわれた第2回冬季オリンピックのサン・モリッツ大会に、日本は初めて6人の選手を派遣した。出場した種目はスキーのクロスカントリーとジャンプ、ノルディック複合だったが、きびしい成績に終わった。

　第二次世界大戦後からは、1948年に草津温泉（群馬県）、1950年に赤倉（新潟県）など、リフトが設置されたスキー場が次つぎとオープン。スキーはレジャーとして発展していく。1956年のコルティナダンペッツォ

日本でスキーを指導したレルヒ少佐。長い杖を1本だけもっている。

オリンピックのアルペンスキーで猪谷千春が銀メダルを獲得すると、スキーがブームになる。猪谷と同じ大会でアルペン三冠に輝いたトニー・ザイラーが俳優になり主演した映画「白銀は招くよ！」（1959年）や、加山雄三がスキーで活躍する映画「アルプスの若大将」（1966年）が公開され、スキーは若者があこがれるウインタースポーツになっていく。

おどろきの札幌オリンピックとスキーブーム

　1972年の札幌オリンピックは、日本のスキーブームを加速させた。スキー・ジャンプ70m級で、なんと日本の笠谷幸生が1位、金野昭次が2位、青地清二が3位と、表彰台を独占したのだ。初めてスキー・ジャンプを

見た人もこれにおどろき、彼らを「日の丸飛行隊」とよんだ。日本の獲得メダルがこの3つだけだったにもかかわらず、札幌オリンピックは日本の人びとにウインタースポーツの魅力をしっかりと伝えた。

1998年長野オリンピックの白馬ジャンプ競技場と聖火台。

さらに、松任谷由実の曲「ロッヂで待つクリスマス」（1978年）、「恋人がサンタクロース」（1980年）、「BLIZZARD」（1984年）や、原田知世主演の映画「私をスキーに連れてって」（1987年）は日本のスキーブームをさらに活気づけて、スキー人口は大幅にふえたのである。

だがそれ以降、スキー人口は減少していく。大きな原因は日本のバブルが崩壊し、経済が低迷したこととされるが、冬季オリンピックで日本の獲得メダル数がしばらく低調だったことも、原因のひとつと考えられる。

長野オリンピックがあたえてくれた感動

1991年、長野で1998年冬季オリンピックを開催することがきまった。そこから日本の競技スキーは勢いづく。1992年アルベールビル大会と1994年リレハンメル大会で連覇をかざった荻原健司らのノルディック複合団体は、多くの日本人を興奮させた。人びとは「見るスキー」を楽しむようになったのである。

自国開催の1998年長野オリンピックでは、里谷多英がフリースタイルスキーのモーグルで冬季オリンピック日本女子選手初の金メダルを獲得。これをきっかけとしてモーグルをはじめた人も多かった。そしてスキー・ジャンプ団体では、はげしい吹雪のなかで日本チームが金メダルを獲得した。多くの人が感動の涙をながし、1972年札幌大会と同様に彼らを「日の丸飛行隊」とたたえた。

札幌大会以来、伝統的に日本のスキーはジャンプが強かったが、リレハンメル大会で団体銀メダル、長野大会で金メダルを獲得したことで、日本がメダルを有力視する種目になった。その伝統を引きついで2022年北京大会のノーマルヒルで金メダルに輝いたのが小林陵侑だ。

また、サーフィンやスケートボードとともにアメリカで生まれた「横乗り」スポーツ、スノーボードが長野大会からオリンピックに採用された。注目されたのは、2014年ソチ大会の男子ハーフパイプに15歳で出場し、銀メダルを獲得した平野歩夢だ。平野は2018年平昌大会でも銀メダル。2022年北京大会では金メダルを獲得し、世界の頂点に立った。

ハーフパイプ以外でも、北京大会ではビッグエアで村瀬心椛が銅メダルを獲得するなど、若い選手も着実にそだっている。

猪谷千春
（いがや　ちはる）

オスロオリンピックで疾走する猪谷千春。

コルティナダンペッツォオリンピック、猪谷のターン。

　1956年コルティナダンペッツォオリンピックは、日本にとって5回目の冬季大会だった。それまでに参加した冬季オリンピックでは、日本は一度もメダルを獲得できていない。その歴史を大きく変えたのが天才スキーヤー猪谷千春だった。アルペンスキー（回転、大回転、滑降）に出場し、回転で銀メダルを獲得。ヨーロッパ以外の選手で初のメダリストになった。これは日本にとって冬季オリンピック初のメダルであると同時に、現在（2025年）のところ、アルペンスキー種目で唯一のメダルだ。この猪谷の活躍は1972年札幌オリンピック招致を後おしすることになった。

父とアメリカにきたえられメダル獲得

　猪谷千春の父は、猪谷を一流のスキーヤーにそだてるため、徹底的にきたえた。16歳で出場した1948年の国民体育大会、1950年、1951年の全日本スキー選手権で優勝した猪谷は、1952年オスロオリンピックのアルペンスキーに出場した。結果は滑降24位、大回転20位、回転は11位。しかし、この成績が予想よりもよかったことで自信をふかめ、猪谷は目標を4年後のオリンピックにさだめた。

　1953年からアメリカの大学に入学して学業とトレーニングにはげみ、大会にも出場。ヨーロッパでも大会でよい成績をおさめ、注目されるようになっていった。

　むかえた1956年のコルティナダンペッツォオリンピック。この大会で猪谷は回転で銀メダルを獲得。日本人選手として初めて冬季オリンピックのメダリストになった。

猪谷千春	
1931	北海道に生まれる
1948	国民体育大会　優勝
1952	オスロオリンピック　回転11位
1956	コルティナダンペッツォオリンピック　回転銀メダル
1958	世界選手権　回転3位、大回転6位
1960	スコー・バレーオリンピック　回転12位
1982	国際オリンピック委員会（IOC）委員に就任
2005	IOC副会長に就任

バランス感覚をやしなうために丸太の橋をわたる猪谷。

急斜面のターンを身につけるため屋根を滑りおりた。

国際オリンピック委員会で大活躍

　1960年、自身最後のオリンピックと考え、スコー・バレー大会に出場。結果は滑降34位、大回転23位、回転12位だった。

　1982年、猪谷は国際オリンピック委員会（IOC）委員に就任。さらに理事になり、ドーピング対策をおしすすめた。その後、副会長に就任するとともに、1998年長野オリンピックの招致にも力をつくした。

第1回冬季オリンピックは当初オリンピックではなかった

　冬季オリンピックの第1回大会は1924年にフランスのシャモニー・モンブランでおこなわれた。しかし、この大会は当初、オリンピックではなかった。国際オリンピック委員会は、大会が成功したらオリンピックにしようと考えた。やってみたらうまくいったため、翌年、この大会を第1回冬季オリンピックとした。

 ブラックキャット：1952年オスロオリンピックに出場した猪谷は、真っ黒のユニフォームを着てすばやく滑っていたため、ヨーロッパの選手から「ブラックキャット（黒猫）」とよばれた。

地元の札幌で表彰台を独占して日本中を興奮させた

1972年札幌オリンピック
日の丸飛行隊

札幌オリンピック、スキー・ジャンプ70m級表彰式。左から金野（2位）、笠谷（1位）、青地（3位）。

アジアでおこなわれた初めての冬季オリンピック、1972年札幌大会。それまでに日本は冬季オリンピックに8回参加していたが、メダルは1956年大会の猪谷千春の銀メダル1個だけ。自国開催の札幌大会では金メダルを含む複数のメダルが待ちのぞまれていた。スキー・ジャンプの選手たちはその期待にこたえた。

70m級（現在のノーマルヒル）で、日本の笠谷幸生、金野昭次、青地清二が、金、銀、銅メダルを獲得したのだ。この表彰台独占は日本中を歓喜させ、3人は「日の丸飛行隊」とよばれた。彼らのめざましい活躍は、世界にはばたく数多くの日本人ジャンパーの誕生につながっていった。

笠谷幸生
1943	北海道に生まれる
1964	インスブルックオリンピック 70m級23位、90m級11位
1968	グルノーブルオリンピック 70m級23位、90m級20位
1970	世界選手権 70m級2位
1972	札幌オリンピック 70m級金メダル
1974	世界選手権 70m級9位、90m級8位
1976	インスブルックオリンピック 70m級16位、90m級17位

金野昭次
1944	北海道に生まれる
1968	グルノーブルオリンピック 70m級24位、90m級20位
1972	札幌オリンピック 70m級銀メダル

青地清二
1942	北海道に生まれる
1968	グルノーブルオリンピック 70m級26位
1972	札幌オリンピック 70m級銅メダル

笠谷幸生の美しいジャンプ。

日本選手で最初に飛び、勢いをつけた金野昭次。

2回目はバランスをくずすも修正した青地清二。

1回目、1位から4位が日本選手

　1972年2月6日午前10時、札幌オリンピックのジャンプ70m級の競技ははじまった。天気は晴れ。絶好のコンディションだ。快挙には天候も味方したというわけだ。2万5000人の大観衆が見つめるなか、日本の4人のジャンパーが出場した。

　日本勢はスタートから絶好調だった。日本の1人目は全体の5番目に飛んだ金野昭次。82.5mの大ジャンプを見せる。さらに20番目の青地清二が83.5mを飛んでトップ。38番目の藤沢隆も81mで続いた。そして45番目に登場したエース笠谷幸生は、この日の最長不倒84m。美しい空中姿勢とテレマーク姿勢の着地で文句なしのトップに立った。

　外国勢は、日本選手たちの勢いにプレッシャーを感じたのか、距離をのばせない。1回目はなんと日本勢が1位から4位に並ぶというすばらしい結果となった。

表彰台に日本の選手が3人

　2回目のジャンプでも、日本選手の勢いは止まらない。金野が79m、青地が77.5m。藤沢は失敗ジャンプに終わったが、笠谷は金メダルの偉業を目の前にしても冷静だった。飛びだしてからの風でほんの少しフォームが乱れたが、修正していつも通りの着地。79mで金メダルが確定した。さらに、金野が銀メダル、青地が銅メダルを獲得。日本中が熱狂した。このとき、同一種目の「日の丸3本」は、伝説となったのである。

　金メダルをきめても笠谷はきびしい表情だった。そこにライバルといわれたインゴルフ・モルク（ノルウェー）がかけよってきて、笠谷を肩車したのだ。そのとき笠谷は満面の笑顔になった。

 90m級ではまさかの失速：札幌大会のスキー・ジャンプ90m級（現在のラージヒル）には日本から笠谷、金野をはじめ4選手が出場。70m級金メダリストの笠谷は1回目で2位につけたが、2回目は空中でバランスをくずして失速。85m地点に着地しトータル7位。ほかの3選手もきびしい結果に終わった。

9

1992年・1994年オリンピック

ノルディック複合（ふくごう）日本チーム

1992年アルベールビルオリンピックの金メダルメンバー。左から三ケ田、荻原、河野。

ジャンプとクロスカントリーを組みあわせたスキー競技（きょうぎ）「ノルディック複合（ふくごう）」の勝者は、「キング・オブ・スキー（スキーの王者）」とよばれる。日本はこの競技の団体種目（だんたいしゅもく）で、1992年アルベールビルと1994年リレハンメルのオリンピック2大会連続（れんぞく）で金メダルを獲得（かくとく）した。

1992年のメンバーは、三ケ田礼一（みかたれいいち）、河野孝典（こうのたかのり）、荻原健司（おぎわらけんじ）。「V字ジャンプ」をいち早くとりいれ、ジャンプでトップに立ちクロスカントリーで逃（に）げきった。冬季オリンピックの日本の金メダルは、1972年札幌大会の笠谷幸生（かさやゆきお）以来（いらい）20年ぶりの快挙（かいきょ）だった。1994年のメンバーは、阿部雅司（あべまさじ）、河野孝典（こうのたかのり）、荻原健司（おぎわらけんじ）。2年前と同じジャンプで大差（たいさ）をつける必勝（ひっしょう）パターンで世界を圧倒（あっとう）し、ふたたび金メダルを獲得（かくとく）した。

20年ぶりとなる冬の金メダル

スウェーデンのヤン・ボークレブによってV字ジャンプ（→17ページ）が確立（かくりつ）されたのは1988年。1992年アルベールビルオリンピックでは、飛距離（ひきょり）がのびるこのV字ジャンプをマスターした荻原健司（おぎわらけんじ）を中心に、前半のジャンプで日本チームは2位に大差（たいさ）をつけて1位。ジャンプのポイントが後半のクロスカントリーの秒数に換算（かんさん）され、後半、日本は2位のオーストリアチームより2分以上（いじょう）早くスタートした。

クロスカントリーは圧倒的（あっとうてき）にヨーロッパが強い。オーストリアとノルウェーが2位争いをしながら日本にせまった。日本の最終走者（さいしゅうそうしゃ）は荻原（おぎわら）。必死（ひっし）に逃（に）げ、フィニッシュラインの100m手前で勝利を確信（かくしん）。日の丸の旗（はた）を受けとると、振（ふ）りながら1位でフィニッシュした。

1994年リレハンメルオリンピック。左から河野、阿部、荻原。

リレハンメルオリンピック、日の丸をかついでフィニッシュする荻原。

冬季オリンピックで連覇をかざる

　オリンピックの冬季大会と夏季大会を2年おきにするため、リレハンメル大会はアルベールビル大会の2年後の1994年に開催された。

　日本は2年前と同様、得意のジャンプで差をつけ、クロスカントリーで逃げきる作戦だ。予定通り前半のジャンプは日本の圧勝。翌日はクロスカントリーだ。ジャンプでポイントを積みあげた日本は、2位のノルウェーに5分もの差をつけてスタートした。日本の優勝がほぼ確実といえるタイム差だ。3走の荻原は余裕をもって走った。途中で寄せがきされた大きな日の丸をもってゴールに向かう。ラスト100mは笑顔で滑りフィニッシュした。日本はノルディック複合団体で、みごと連覇をかざった。

荻原健司

1969	群馬県に生まれる
1992	アルベールビルオリンピック　個人7位、団体金メダル
1994	リレハンメルオリンピック　個人4位、団体金メダル
1998	長野オリンピック　個人4位、団体5位
2002	ソルトレークシティーオリンピック　個人11位、団体8位、個人スプリント33位

河野孝典

1969	長野県に生まれる
1992	アルベールビルオリンピック　個人19位、団体金メダル
1994	リレハンメルオリンピック　個人銀メダル、団体金メダル

三ケ田礼一

1967	岩手県に生まれる
1992	アルベールビルオリンピック　個人34位、団体金メダル

阿部雅司

1965	北海道に生まれる
1988	カルガリーオリンピック　個人31位、団体9位
1992	アルベールビルオリンピック　個人30位
1994	リレハンメルオリンピック　個人10位、団体金メダル

 3連覇はむずかしかった：1998年長野オリンピックの前にノルディック複合のルールが変更された。ジャンプのポイントの比率が下げられ、クロスカントリーの得意な選手が有利になった。そのため、ジャンプを得意とする日本チームの成績は低迷。しかし2022年北京大会で28年ぶりにメダル（銅）を獲得した。

1998年長野オリンピック

日の丸飛行隊

金メダルをきめた直後の4人。左から原田、岡部、斎藤、船木。

冬季大会としては日本で初めて開催された1972年札幌オリンピックで、スキー・ジャンプ「日の丸飛行隊」が表彰台を独占した。ジャンプ陣にふたたび大きなチャンスがおとずれたのは1994年リレハンメル大会。だが、目の前にあった金メダルは逃げていき、銀メダルとなった。2度目の国内開催の冬季オリンピック、1998年長野大会では「今度こそ金メダルを」という期待が高かった。中止も検討されたほどの猛吹雪のなか、日本チームの4人は果敢に飛んで待望の金メダルを獲得。4年前のリベンジをみごとにはたし、1972年札幌大会以来26年ぶりに、人びとは「日の丸飛行隊」とよんだ。

3番手、猛吹雪のなか飛んだ原田。前がほとんど見えない最悪のコンディションだった。

4年前のくやしい思い

　1994年リレハンメルオリンピックでは、金メダルがほぼ確実な状態から失敗して銀メダルに終わった日本のスキー・ジャンプ団体。

　西方仁也、岡部孝信、葛西紀明、原田雅彦の4人でのぞんだ日本チームは、1回目が終わって1位ドイツにわずかな差で2位。そして2回目は西方がドイツを逆転。岡部がその差をひろげ、葛西はその差をキープ。最後の原田が105mを飛べば金メダルという状況だった。いつもの原田であればたやすい距離だ。しかし、原田は97.5m地点に着地。目の前に見えていた金メダルが逃げていった。

猛吹雪で試合が中断

　4年後の1998年長野オリンピックのスキー・ジャンプ団体は、吹雪のなかで開始された。1人目の岡部、2人目の斎藤浩哉が飛び、吹雪はますますひどくなる。3人目の原田は、真っ白で前がほとんど見えないなか飛び79.5m。4年前の悪夢を思いだした人も多かった。4人目の船木和喜は118.5m。この時点で日本は4位。

　2回目に入るとますます吹雪が強くなり、試合は中断。継続されなければ4位の日本にメダルはない。競技委員の話しあいで、テストジャンパーが無事に飛ぶことができれば試合を再開することになった。25人のテストジャンパーは試合再開のため、そして日本チームのメダルのため、みごとに飛んだ。

金メダルに向かって、飛べ！

　試合は再開された。2回目は岡部が137mの大ジャンプ。斎藤も安定したジャンプを見せ、原田をむかえた。2回目の原田のジャンプは大きかった。なかなか着地せず、降りた地点は岡部と同じ137m。最後はラージヒル個人で金メダルを獲得している船木。自分の役目をきっちりとはたす125mを飛ぶと、先に飛んだ3人が日の丸をもってかけより、抱きあって雪の上をころがった。日本チーム「日の丸飛行隊」は地元・長野でみごと金メダルに輝いた。

岡部孝信

1970	北海道に生まれる
1994	リレハンメルオリンピック ノーマルヒル9位、ラージヒル4位、団体銀メダル
1998	長野オリンピック ラージヒル6位、団体金メダル
2006	トリノオリンピック ノーマルヒル23位、ラージヒル8位、団体6位

斎藤浩哉

1970	北海道に生まれる
1998	長野オリンピック ノーマルヒル9位、ラージヒル47位、団体金メダル

原田雅彦

1968	北海道に生まれる
1992	アルベールビルオリンピック ノーマルヒル14位、ラージヒル4位、団体4位
1994	リレハンメルオリンピック ノーマルヒル55位、ラージヒル13位、団体銀メダル
1998	長野オリンピック ノーマルヒル5位、ラージヒル銅メダル、団体金メダル
2002	ソルトレークシティーオリンピック ノーマルヒル20位、ラージヒル20位、団体5位

船木和喜

1975	北海道に生まれる
1998	長野オリンピック ノーマルヒル銀メダル、ラージヒル金メダル、団体金メダル
2002	ソルトレークシティーオリンピック ノーマルヒル9位、ラージヒル7位、団体5位

最後に飛んだ船木。1998年長野オリンピックでは、ラージヒル個人で金メダルに輝く。ノーマルヒルでも銀メダルを獲得している。

　「金」をもたらした西方仁也：1994年リレハンメルオリンピック、スキー・ジャンプ団体の銀メダリスト。腰痛で長野オリンピックには選出されなかったが、テストジャンパーのリーダーとして活躍。危険な猛吹雪のなか、みごとなジャンプで競技を再開に導いたことが、日本の金メダルにつながった。

里谷多英と上村愛子

1998年長野オリンピック、里谷の高いコザック。

1998年長野オリンピックの女子モーグルで、2人の選手が輝きを放った。里谷多英と上村愛子だ。ほぼ同時代に活躍したこの2人は、日本の女子モーグルをけん引し、注目競技へとおしあげた。

長野大会が2度目のオリンピックとなる里谷は、攻撃的なエアとスピードのあるターンでみごと優勝。冬季オリンピック史上日本女子初の金メダリストとなった。そして4年後のソルトレークシティー大会では銅メダルを獲得した。

高校3年生だった上村は、初めてのオリンピックをミスのない演技でまとめ7位入賞。その後、日本のモーグル選手として初めてワールドカップで年間総合優勝をはたした。里谷とは対照的に、オリンピックのメダルにはあと一歩手がとどかなかった上村。だが、安定して上位の成績を残しつづけた。

里谷も上村も冬季オリンピックに5大会連続で出場している。里谷は金メダリストにして2大会連続メダリスト。上村は、7位→6位→5位→4位→4位と、5大会連続入賞をはたした。2人の活躍で多くの日本のスキーヤーがモーグルに挑戦するようになった。

日本女子冬季オリンピック初の金メダリスト

　小学6年生で全日本選手権初優勝。中学2年の1991年からは6連覇を達成した里谷多英。1994年、初のオリンピックとなるリレハンメル大会に出場し11位。その後、世界選手権やワールドカップで活躍した。むかえた1998年長野大会、第1エアは左右に板を振ってから両手足をひろげる「ツイスタースプレッド」。そして第2エアは大きく開脚してダイナミックに高く舞う「コザック」。美しいターンで一気にゴールし、日本人女子選手として冬季オリンピック史上初となる金メダルを獲得した。

　2002年ソルトレークシティーオリンピックの決勝は、得意のターンとスピードに集中し、エアは「ツイスタースプレッド」と「トリプルツイスター」でまとめて3位。日本人女子選手として初めて冬季オリンピックで2大会連続となるメダル（銅）を獲得した。

上村愛子、オリンピック5大会を一段一段

　高校1年で初出場したワールドカップで3位入賞。1998年長野オリンピックには18歳で出場。地元の大声援を受け、決勝で「コザック」「ツイスタースプレッド」をミスなくまとめて、7位に入賞した。4年後のソルトレークシティー大会にのぞんだ上村は、予選を4位で通過したが、決勝はエアの着地がわずかに乱れて6位。2006年トリノ大会では、決勝で縦方向と横方向の両方に体を回転させる大技「コークスクリュー」を成功させたが5位。4度目のオリンピックとなる2010年バンクーバー大会では水平に360度回転する「ヘリコプター」、後方回転の「バックフリップ」で攻めたが4位。長野の7位から1つずつ順位を上げるも、「なんでこんな一段一段なんだろう……」と、くやしさをにじませた。

　5度目のオリンピックの2014年ソチ大会は、またしても4位。悲願のメダル獲得はならなかったが、全力を出しきった表情はすがすがしかった。

里谷多英	
1976	北海道に生まれる
1989	全日本選手権 初優勝
1994	リレハンメルオリンピック 11位
1998	長野オリンピック 金メダル
2002	ソルトレークシティーオリンピック 銅メダル
2006	トリノオリンピック 15位
2009	世界選手権 デュアルモーグル 4位
2010	バンクーバーオリンピック 19位

上村愛子	
1979	兵庫県に生まれる
1998	長野オリンピック 7位
2002	ソルトレークシティーオリンピック 6位
2006	トリノオリンピック 5位
2008	ワールドカップ 総合優勝
2009	世界選手権 シングルモーグル、デュアルモーグル優勝
2010	バンクーバーオリンピック 4位
2014	ソチオリンピック 4位

2014年ソチオリンピック滑走後の上村。

モーグルの採点：ターン、エア、スピードの3点に分けて採点される。ターンは全体の60%→最大60ポイント、エアとスピードはそれぞれ全体の20%→それぞれ最大20ポイント。里谷も上村もダイナミックなエアに注目が集まるが、ターンの美しさが採点では重要になる。

オリンピック8回出場、最年長記録を更新する本物の「レジェンド」

葛西紀明
（かさいのりあき）

2014年ソチオリンピックのラージヒル個人銀メダルの表彰式でジャンプする葛西。

1972年札幌大会の年に生まれ、冬季オリンピックには史上最多の8回出場。1994年リレハンメル大会のラージヒル団体では銀メダルを獲得した。1998年長野大会ではけがで団体メンバーに入れずくやしい思いをしたが、以降もオリンピックで飛びつづけ、低迷していた日本のジャンプ界を支えた。2014年ソチ大会では41歳にして個人の銀メダルと団体の銅メダルを獲得。ワールドカップでの最年長表彰台記録などを次つぎに更新し、五十代でも競技を続ける本物の「レジェンド（伝説）」。世界中のスキージャンパーたちから尊敬されるアスリートだ。

オリンピックで飛びつづける

　V字ジャンプと、空中で体をふかく前傾させるダイナミックなフォームを身につけてのぞんだ1994年リレハンメルオリンピック、ラージヒル団体（西方仁也、岡部孝信、葛西、原田雅彦）では、あと少しで優勝をのがすも、銀メダルを獲得した。

　だが、1998年長野大会では左足首のねんざの影響で、葛西は団体メンバーからはずされる。このとき団体は金メダルを獲得。葛西はたいへんくやしい思いをした。それが競技を続ける原動力となり、2002年ソルトレークシティー大会、2006年トリノ大会と出場を続けた。2010年バンクーバー大会では若いメンバーとともに飛んだ団体で5位に入賞した。

41歳でメダル2個を獲得

　2014年ソチ大会ラージヒル個人では1回目2位。逆転をかけて2回目にのぞんだが、おしくも僅差で1位をのがす。それでも、41歳で出場した7度目のオリンピックで、ついに個人として初のメダル（銀）を獲得した。さらに2日後、清水礼留飛、竹内択、伊東大貴とともにラージヒル団体に出場。4番手の葛西が134mの大ジャンプを成功させて銅メダルが確定した。葛西は2日前にマークしたオリンピックのスキー・ジャンプ史上最年長メダリスト記録をさらに2日のばした。

　その後もワールドカップ（W杯）で最年長優勝記録や表彰台記録を更新し、2016年には43歳で前人未到のW杯500試合出場を達成。そのまま8度目のオリンピックとなる2018年平昌大会に出場した。2022年北京大会への出場はのがしたが、五十代での現役続行を宣言する。2025年には52歳にして、

	葛西紀明
1972	北海道に生まれる
1992	アルベールビルオリンピック　ノーマルヒル31位、ラージヒル26位、団体4位
1994	リレハンメルオリンピック　ノーマルヒル5位、ラージヒル14位、団体銀メダル
1998	長野オリンピック　ノーマルヒル7位
2002	ソルトレークシティーオリンピック　ノーマルヒル49位、ラージヒル41位
2006	トリノオリンピック　ノーマルヒル20位、ラージヒル12位、団体6位
2010	バンクーバーオリンピック　ノーマルヒル17位、ラージヒル8位、団体5位
2014	ソチオリンピック　ノーマルヒル8位、ラージヒル銀メダル、団体銅メダル
2018	平昌オリンピック　ノーマルヒル21位、ラージヒル33位、団体6位

2014年ソチオリンピックの団体メンバー。右端が葛西。

国内大会のTVh杯ジャンプ大会を連覇、さらにW杯への出場を続けるなど、レジェンドの挑戦は止まらない。

時代によって変化するジャンプのスタイル

　1980年代、「鳥人」とよばれたフィンランドのマッチ・ニッカネンは、スキー板を平行にそろえて飛ぶスタイルで強さをほこった。1990年代からは「V字ジャンプ」が主流に。前方に大きくV字に開き、スキー板が体の外側に出ることで風を受ける面積が大きくなると、飛行機の翼のように揚力（上向きに作用する力）が生まれ、飛距離がのびる。現在はほとんどのジャンパーがこのV字ジャンプで飛んでいる。

 ムササビジャンプ：葛西のジャンプは、低い飛びだしから2本のスキー板を大きくV字にひらき、体を前にふかくかたむける。下に向けてひらいたてのひらで風をつかみバランスをとるこのスタイルは、「ムササビジャンプ」とよばれた。

小林陵侑

2022年北京オリンピックでは、スキー・ジャンプ個人ノーマルヒルで金メダル、同じくラージヒルで銀メダルに輝いた小林陵侑。1998年長野大会以降、世界のトップに立つ若手ジャンパーがなかなか出現しないなかで、小林の活躍はしばらくぶりの快挙となった。小林がノーマルヒルで金メダルに輝いたのは2月6日、1972年札幌大会で笠谷幸生が金メダルを獲得したのも2月6日。ちょうど50年後の同じ日というのも不思議な縁だ。スキー・ジャンプの金メダルは、長野大会以来24年ぶり。ワールドカップでは、2018-2019年シーズンと2021-2022年シーズンに総合優勝をはたしている。いまや小林は世界をリードする存在になった。

2022年北京オリンピック、優勝をきめた直後（上）。

2018年平昌オリンピック・ラージヒル。

小林陵侑（こばやしりょうゆう）

1996	岩手県に生まれる
2018	平昌（ピョンチャン）オリンピック　ノーマルヒル7位、ラージヒル10位、団体6位
2019	ワールドカップ　個人総合優勝（こじんそうごうゆうしょう）
2022	北京（ペキン）オリンピック　ノーマルヒル金メダル、ラージヒル銀メダル、混合団体（こんごうだんたい）4位、団体5位
	ワールドカップ　個人総合優勝
2023	史上（しじょう）7人目となるワールドカップ30勝達成（たっせい）

十代から世界の舞台で活躍（ぶたい）（かつやく）

　子どものころはジャンプとノルディック複合（ふくごう）の試合（あい）に出場していたが、高校卒業後（そつぎょうご）はジャンプに専念（せんねん）。2016年に19歳（さい）でワールドカップ初出場（はつしゅつじょう）をはたす。2018年平昌オリンピックには兄・潤志郎（じゅんしろう）とともに出場。個人（こじん）ノーマルヒルで日本勢最高の7位入賞（にゅうしょう）。ラージヒルは10位、団体（だんたい）（竹内択（たけうちたく）、伊東大貴（いとうだいき）、葛西紀明（かさいのりあき）、小林（こばやし））では6位。

　2018-2019年シーズンの活躍はめざましく、ドイツ・オーストリアで集中開催された「ジャンプ週間（しゅうかん）」では4戦（せん）全勝。ワールドカップで13勝をマークして表彰台（ひょうしょうだい）に21回も上がり、2位に大差（たいさ）をつけて個人総合優勝（こじんそうごうゆうしょう）の栄誉（えいよ）を勝ちとった。これは日本男子史上初（しじょうはつ）、また男子ではヨーロッパ勢（ぜい）の選手（せんしゅ）として初となる快挙（かいきょ）だった。

個人では金と銀、混合団体では……（こじん）（こんごうだんたい）

　2度目のオリンピックとなった2022年北京大会。個人ノーマルヒルは1回目で104.5mを飛び、トップに立つ。2回目は追い風にあおられ99.5mとなったが、合計275ポイントで1998年長野大会の船木和喜（ふなきかずよし）以来となる個人の金メダルを獲得（かくとく）した。ラージヒルでは1回目142mのビッグジャンプ。しかし2回目で逆転（ぎゃくてん）され、おしくも銀メダルとなった。

　この大会で新たに採用された混合団体（こんごうだんたい）に日本は髙梨沙羅（たかなしさら）、佐藤幸椰（さとうゆきや）、伊藤有希（いとうゆうき）、小林の4人でのぞんだ。まずは1回目に髙梨が103mの大ジャンプ。しかし、直後におこなわれたジャンプスーツの検査（けんさ）でサイズオーバーの規定違反（きていいはん）となり、まさかの失格。号泣（ごうきゅう）する髙梨を小林がはげます。2回目、日本チームは小林が106mを飛ぶなどはげしい追いあげを見せ、4人の合計点は2位（い）。ただ1回目とあわせた総合順位（そうごうじゅんい）は4位と、おしくもメダルにとどかなかった。それでも、世界トップクラスのジャンプをきめる小林（こばやし）が、日本ジャンプの伝統をしっかりと受けついだことは、この大会ではっきりと確認（かくにん）できた。

ジャンプ台（ラージヒルとノーマルヒル）

　急斜面（きゅうしゃめん）を滑降（かっこう）するジャンプ台は、K点とよばれる建築（けんちく）基準点（きじゅんてん）によって大きさがきまる。K点が75〜95mのジャンプ台を「ノーマルヒル」、105〜125mのジャンプ台を「ラージヒル」とよぶ。ラージヒルのほうが、ジャンプ台が高くサイズが大きいぶん飛距離（ひきょり）が長くなり、雪や風の影響（えいきょう）も受けやすい。以前（いぜん）は、ノーマルヒルを70m級、ラージヒルを90m級とよんでいた。

長野（ながの）オリンピックで使用された白馬（はくば）ジャンプ競技場（きょうぎじょう）。左はノーマルヒル、右はラージヒル。

 葛西紀明（かさいのりあき）にスカウトされる：小林が所属（しょぞく）していた土屋（つちや）ホームで選手兼監督（せんしゅけんかんとく）をつとめる葛西紀明（かさいのりあき）は、高校3年生の小林を見て「ワールドカップで優勝（ゆうしょう）できる」と考えてスカウト。2022年北京オリンピックの男子ノーマルヒルで小林が優勝したとき葛西は、「目の前で愛弟子（まなでし）が金をとれるなんて幸せです」とよろこんだ。

平野歩夢

2022年北京オリンピックで優勝。

　15歳で出場した2014年ソチオリンピックのスノーボード・ハーフパイプで銀メダルを獲得。日本の冬季オリンピック史上最年少メダリストとなった。4年後の平昌オリンピックでも銀メダルを獲得。そして2022年北京オリンピックでは、過去に3つの金メダルを獲得している王者ショーン・ホワイト（アメリカ）との激闘を制して、日本スノーボード界に初の金メダルをもたらした。冬季オリンピック3大会連続メダル獲得も、日本選手として初めての偉業だ。北京オリンピックでショーン・ホワイトは引退を表明。新たに頂点に立った平野歩夢を「ほこりに思う。アユムの時代がきた」とたたえた。

2022年北京オリンピック
で華麗な技をくりだす。

平野歩夢	
1998	新潟県に生まれる
2014	ソチオリンピック 銀メダル
2016	Xゲームズ 初優勝
2018	Xゲームズ 優勝
	平昌オリンピック 銀メダル
2021	東京オリンピックにスケートボード（パーク）で出場
2022	ワールドカップ 総合優勝
	北京オリンピック 金メダル

オリンピック最年少メダリスト

　4歳からスノーボードをはじめ、小学校4年でアメリカのスノーボードメーカーとプロ契約。2013年、世界のトッププロが集まるXゲームズ（速さや高さなど、はげしい技をきそう競技を集めた大会）で、史上最年少（14歳）のメダリスト（銀）となり、注目された。初のオリンピック出場となった2014年ソチ大会では、安定感抜群の滑りで銀メダル。15歳74日でのメダル獲得は、冬季オリンピック日本最年少記録であり、日本初のスノーボード競技のメダリストとなった。

　2016年のXゲームズで初優勝。2017年、着地の失敗で左ひざや内臓に大けがを負ったが、2018年のXゲームズでは世界で初めてダブルコーク1440（縦2回転・横4回転）の連続技をきめて優勝。その翌月の平昌オリンピック決勝、ダブルコーク1440の連続技と、3回転半の連続技でトップに立つ。しかし最終滑走のホワイトが逆転し、結果は2大会連続銀メダルとなった。

ついに世界のトップへ

　2021年開催の東京オリンピックではスケートボードに出場。そのわずか半年後、2022年1月におこなわれたスノーボードのワールドカップで優勝。1か月後の北京オリンピックでは、1回目から超大技・トリプルコーク1440（縦3回転・横4回転）をきめたが、転倒があり9位。2回目もトリプルコーク1440を入れパーフェクトな演技と思われたが、得点がのびず2位。納得できない採点への怒りをおさえ、3回目も同じ構成で滑走。技の高さやつなぎも完璧にきめて高得点をたたきだし、みごと逆転。初の金メダル獲得と、冬季オリンピック3大会連続メダルという偉業をなしとげた。

　長野大会からはじまった新しい競技を平野は人気スポーツにおしあげた。

2018年平昌オリンピックで銀メダルを獲得した平野（左）。中央はショーン・ホワイト。

オリンピックのスノーボード種目

　スノーボードは1998年長野オリンピックから競技に加わり、人気が高まるとともに種目が追加。2022年北京オリンピックでは、エアの高さや技（トリック）の難度・完成度を競うフリースタイル種目（ハーフパイプ、ビッグエア、スロープスタイル）、スピードを競うアルペン種目（スノーボードクロス、パラレル大回転）の5つがおこなわれた。

2022年北京オリンピックのビッグエアで宙に舞う村瀬心椛。

まだまだいる！歴史をつくった選手たち

八木弘和
スキー・ジャンプ

レークプラシッド大会の銀メダリスト

1970年代後半から1980年代にかけて、日本のスキー・ジャンプをリードした選手。20歳でむかえた1980年レークプラシッドオリンピックでは70m級で銀メダルを獲得した。これは札幌大会以来となる日本選手によるスキー・ジャンプのメダルであり、海外のオリンピックで手にした初めてのメダルだっ

た。1984年、サラエボ大会出場後に現役を引退。2002年に日本ナショナルチームのコーチに就任し、指導にあたった。

●おもな実績
1980年 レークプラシッドオリンピック 70m級銀メダル
1984年 サラエボオリンピック 70m級、90m級出場

皆川賢太郎
スキー・アルペン／回転

オリンピック4大会連続出場のエース

1998年長野大会から4大会連続でオリンピックに出場した、日本のトップスラローマー。2002年ソルトレークシティー大会後に大けが（左ひざ前十字靱帯断裂）を負い、リハビリを経て2004年に復帰。これまでの長いスキー板から短いカービングスキーにかえ、安定した成績を残すようになる。2006年ト

リノ大会では、3位とわずか0.03秒差の4位に入り、日本の選手としては猪谷千春以来50年ぶりの入賞をはたした。

●おもな実績
2006年 トリノオリンピック 4位
2010年 バンクーバーオリンピック 途中棄権

竹内智香
スノーボード／パラレル大回転

スノーボード日本女子初のメダリスト

パラレル大回転で、2002年ソルトレークシティー大会から2022年北京大会まで、6大会連続オリンピックに出場。2006年トリノ大会後はスイスで練習をかさね、世界トップクラスの滑りを身につけた。世界ランク2位でのぞんだ2014年ソチ大会では、予選を1位で通過。決勝では2位となり、銀メダルを

獲得。スノーボード競技で日本の女子選手初のオリンピックメダリストになった。翌2015年の世界選手権では銅メダルを獲得した。

●おもな実績
2014年 ソチオリンピック 銀メダル
2015年 世界選手権 3位
2018年 平昌オリンピック 5位

渡部暁斗
スキー・ノルディック複合

オリンピック5大会で4個のメダル

荻原健司以来のノルディック複合の絶対的エース。得意のジャンプでは圧倒的な飛距離をほこる。オリンピックには、2006年トリノ大会に高校生で初出場。それ以降、2022年北京大会まで5大会連続で出場した。2014年ソチ、2018年平昌と2大会連続でノーマルヒル個人の銀メダルを獲得した。2017-

2018年シーズンは、ワールドカップ総合優勝。2022年北京大会では、ラージヒル個人と団体の両種目で、銅メダルをつかみとった。

●おもな実績
2014年 ソチオリンピック ノーマルヒル個人銀メダル
2018年 平昌オリンピック ノーマルヒル個人銀メダル
　　　 ワールドカップ 個人総合優勝
2022年 北京オリンピック ラージヒル個人、団体銅メダル

伊藤有希
スキー・ジャンプ

世界選手権混合団体の優勝に貢献

髙梨沙羅とともに日本の女子スキー・ジャンプをけん引する。2013年、世界選手権の混合団体（伊東大貴、髙梨、竹内択と出場）で優勝。2014年ソチオリンピックでは個人で7位入賞をはたす。2015年と2017年の世界選手権では個人で2位、混合団体で3位となった。2016-2017年シーズンのワールドカッ

プでは5勝をあげて、自己最高の総合2位。2018年平昌オリンピックは個人で9位。2022年北京オリンピックでは、混合団体（髙梨、佐藤幸椰、小林陵侑と出場）で4位に入賞した。

● おもな実績
2013年 世界選手権 混合団体優勝
2014年 ソチオリンピック 7位
2022年 北京オリンピック 混合団体4位

髙梨沙羅
スキー・ジャンプ

日本女子をリードするスキージャンパー

女子スキージャンパーとして日本のトップをつきすすむ。2012年のユースオリンピックで金メダル。ワールドカップでは2012-2013年シーズンに初めて個人総合優勝し、2014年ソチオリンピック後、さらに3シーズンで総合優勝をはたした。男女を通じてワールドカップ歴代最多の63勝をあげている。2018

年平昌オリンピックでは、この種目で日本初となる銅メダルを獲得。北京大会は個人と混合団体で4位に入賞。

● おもな実績
2014年 ソチオリンピック 4位
2018年 平昌オリンピック 銅メダル
2022年 北京オリンピック 個人、混合団体4位

原 大智
スキー・フリースタイル／モーグル

モーグルのメダリストから競輪選手へ

中学卒業後、カナダへスキー留学。2017年冬季アジア競技大会のデュアルモーグルで2位を獲得した。翌年の平昌オリンピックでは銅メダルを獲得し、フリースタイルスキーの男子種目で日本選手として初の表彰台に立った。翌2019年の世界選手権では、シングル、デュアルともに3位。2020年には競輪選手と

してデビューするも、モーグルとの二刀流を続けて北京オリンピックに出場（7位）。2022年4月以降は競輪に専念している。

● おもな実績
2017年 冬季アジア競技大会 デュアルモーグル2位
2018年 平昌オリンピック 銅メダル
2019年 世界選手権 シングルモーグル、デュアルモーグル3位

堀島行真
スキー・フリースタイル／モーグル

シングル、デュアルの二冠を達成

2017年の世界選手権では、初出場にしてモーグル2種目（シングル、デュアル）ともに優勝。日本男子史上初の優勝であり、男子史上初となる二冠を達成した。2018年平昌オリンピックは転倒によって11位に終わったが、2022年北京オリンピックでは、同大会で日本選手第1号のメダルとなる銅メダルを獲

得した。2023-2024年シーズンのワールドカップでも安定した成績で、日本男子初となる種目別総合優勝をはたした。

● おもな実績
2017年 世界選手権 シングルモーグル、デュアルモーグル優勝
2022年 北京オリンピック 銅メダル
2024年 ワールドカップ シングルモーグル総合優勝

スキーの歴史をつくった海外の選手たち

トニー・ザイラー／オーストリア

■1935年生まれ〜2009年没　■スキー・アルペン

アルペンスキー史上初の「三冠王」

　国際大会で初優勝したのは、16歳のときだった。1956年、20歳でのぞんだコルティナダンペッツォオリンピックで、アルペンスキー3種目（滑降、大回転、回転）すべてで優勝する偉業をなしとげた。しかも、2位以下に大差をつける圧勝で、アルペンスキー初の「三冠王」となった。1958年の世界選手権では、滑降、大回転、アルペン複合を制した。

　22歳で引退したのちは、俳優として数かずの映画に出演した。

おもな実績
1956年 コルティナダンペッツォオリンピック
　　滑降、大回転、回転金メダル
1958年 世界選手権 滑降、大回転、アルペン複合優勝

ジャン＝クロード・キリー／フランス

■1943年生まれ〜　■スキー・アルペン

ワールドカップの初代総合優勝者

　オリンピックデビュー戦の1964年インスブルック大会では、大回転で5位にとどまる。しかし1968年、母国フランス開催のグルノーブル大会では、出場したアルペンスキーの3種目すべてで金メダル。トニー・ザイラー以来となる、「滑降、大回転、回転」三冠を達成した。ワールドカップが初めて開催された1967年から2シーズン連続で総合優勝をはたすなど圧倒的な強さをほこり、「キング（王者）キリー」とよばれた。

おもな実績
1966年 世界選手権 滑降、アルペン複合優勝
1968年 ワールドカップ 総合優勝
　　グルノーブルオリンピック
　　　滑降、大回転、回転金メダル

カール・シュランツ／オーストリア

■1938年生まれ〜　■スキー・アルペン

アマチュア問題で失格となったスター

　オリンピックには1960年スコー・バレー大会に初出場。1964年インスブルック大会の大回転で銀メダルを獲得したが、次のグルノーブル大会では濃霧の影響もありメダルにとどかなかった。1972年札幌大会での優勝をめざしたが、スキー用品メーカーの宣伝に名前と写真を使用していたことから、「アマチュア規定違反」とされオリンピックから追放された。この事件は、アマチュア規定のあり方などオリンピックの将来に大きな問題を投げかけた。

おもな実績
1962年 世界選手権 滑降、アルペン複合優勝
1964年 インスブルックオリンピック 大回転銀メダル
1970年 ワールドカップ 総合優勝
　　世界選手権 大回転優勝

マッチ・ニッカネン／フィンランド

■1963年生まれ〜2019年没　■スキー・ジャンプ

フィンランドの国民的英雄の「鳥人」

　スキーを平行にそろえた「クラシックスタイル」の美しい飛型で知られる、1980年代最強のジャンパー。サラエボオリンピックでは、90m級で金メダル、70m級で銀メダルを獲得。続くカルガリーオリンピックでは、70m級、90m級、団体90m級の3種目すべてで金メダルを獲得した。ワールドカップでは4回の総合優勝をはたしたフィンランドの国民的英雄で、日本では「鳥人」とよばれた。

おもな実績
1982年 世界選手権 90m級優勝
1984・1985・1987・1989年 世界選手権 ラージヒル団体優勝
1984年 サラエボオリンピック 90m級金メダル、70m級銀メダル
1988年 カルガリーオリンピック 70m級、90m級、団体金メダル

ジャン=リュック・ブラッサール／カナダ

■1972年生まれ〜　■スキー・フリースタイル／モーグル

「帝王」とよばれたモーグルスキーヤー

　18歳で、カナダ代表に選ばれる。ターンのすぐれたテクニック、ダイナミックなエアで観客をわかせ、「モーグルの帝王」とよばれた。1992年アルベールビル大会から、4大会連続でオリンピックに出場。リレハンメル大会では、フリースタイル種目でカナダ人初となるオリンピック金メダルを獲得した。モーグルの世界三大タイトル（ワールドカップ、世界選手権、オリンピック）すべてを制覇している。

おもな実績
1993・1997年 世界選手権 優勝
1993・1996・1997年 ワールドカップ 総合優勝
1994年 リレハンメルオリンピック 金メダル

ショーン・ホワイト／アメリカ

■1986年生まれ〜　■スノーボード／ハーフパイプ

オリンピック3大会を制した絶対王者

　高難度の連続技をくりだし、多くのスノーボーダーにとって憧れの存在でありつづけたスーパースター。13歳でプロとなり、トリノから5大会連続でオリンピックに出場。トリノ、バンクーバー、平昌で、3回頂点に立った。冬のXゲームズでも長年にわたって華ばなしく活躍し、数多くの金メダルを獲得している。また、スケートボードでも記録を積みかさね、夏・冬のXゲームズ両方でメダルを獲得した初めての選手となった。

おもな実績
2006年 トリノオリンピック 金メダル
2010年 バンクーバーオリンピック 金メダル
2018年 平昌オリンピック 金メダル

シモン・アマン／スイス

■1981年生まれ〜　■スキー・ジャンプ

オリンピックで2度の二冠に輝く

　ジャンプ競技は180cmを超える長身の選手が有利とされるなか、172cmの体格で、すぐれたバランス感覚を武器としている。オリンピックには、1998年の長野大会から7大会連続出場。ソルトレークシティー大会では、ノーマルヒルとラージヒルの両種目で優勝し、2つの金メダルを獲得した。2007年に札幌でおこなわれた世界選手権では、ラージヒルで優勝、ノーマルヒルで2位。バンクーバーオリンピックでは2種目を制し、2度目の個人二冠を達成した。

おもな実績
2002年 ソルトレークシティーオリンピック ノーマルヒル、ラージヒル金メダル
2007年 世界選手権 ラージヒル金メダル、ノーマルヒル銀メダル
2009年 ワールドカップ 総合優勝
2010年 バンクーバーオリンピック ノーマルヒル、ラージヒル金メダル

カミル・ストッフ／ポーランド

■1987年生まれ〜　■スキー・ジャンプ

史上3人目の個人種目二冠を達成

　2013年の世界選手権で、ラージヒルの金、団体の銅メダルを獲得した。オリンピックには、2006年のトリノ大会から5大会連続で出場。ソチ大会では、ノーマルヒルとラージヒルの両種目で優勝し、マッチ・ニッカネン（1988年）、シモン・アマン（2002年・2010年）に続く、史上3人目の個人種目二冠を達成した。平昌大会では、ラージヒルで金メダル、団体で銅メダルを獲得。ワールドカップでは、2度の総合優勝をはたしている。

おもな実績
2013年 世界選手権 ラージヒル優勝
2014年 ソチオリンピック ノーマルヒル、ラージヒル金メダル
2014・2018年 ワールドカップ 総合優勝
2018年 平昌オリンピック ラージヒル金メダル、団体銅メダル

ゆるぎない人気、フィギュアスケート

フィギュアスケートがやってきた

　日本のフィギュアスケート発祥の地といわれるのは、宮城県仙台市の五色沼だ。1897年ごろ、アメリカ人が地元の子どもたちに教えたとされている。

　現在の日本スケート連盟の前身である大日本スケート競技連盟が設立されたのは、1929。翌年、第1回全日本フィギュアスケート選手権が開催された。

　当時のフィギュアスケート競技は、氷上を滑走して課題の図形をえがき、その正確さや滑走姿勢を競う「コン

日本フィギュアスケート発祥の地とされる宮城県仙台市の五色沼。

パルソリーフィギュア」と、音楽にあわせて自由に滑走する「フリースケーティング」によって構成されていた。

オリンピックで日本人スケーターが活躍

　オリンピックで初めてフィギュアスケートがおこなわれたのは、1908年ロンドン大会だった。まだ冬季オリ

ンピックがはじまる前で、この大会は夏季大会だったが屋内リンクで実施された。

　日本人選手として初めてオリンピックに出場したのは、1936年ガルミッシュ・パルテンキルヘン大会女子シングルの稲田悦子。出場時の年齢はなんと12歳0か月で、夏冬とおして日本のオリンピック出場最年少選手である。この大会で女子シングル3連覇をはたしたノルウェーのソニア・ヘニーは、「近いうちにかならず稲田の時代がくる」と語ったという。だが、第二次世界大戦でオリンピックは以降の2大会がおこなわれず、戦後は稲田の後輩たちが活躍することになる。

1936年ガルミッシュ・パルテンキルヘンオリンピックの女子選手たち。右から2番目が稲田悦子。

1972年札幌オリンピックの女子シングル、ジャネット・リンのフリーの演技。

札幌の恋人、ジャネット・リンが大人気

日本でフィギュアスケートが大きく注目されたのは、1972年札幌オリンピックだった。日本選手が結果を出せないなか、人気を集めたのは女子シングルに出場したアメリカのジャネット・リンだった。ブロンドのショートヘアにかわいらしい笑顔。ところがフリーで尻もちを

ついてしまう。それでも笑顔で滑りきり、銅メダルを獲得した。ジャネット・リンは「尻もちついてもかわいい」といわれ、「札幌の恋人」「銀盤の妖精」とよばれた。

伊藤みどりがフィギュア人気に火をつける

日本のフィギュアスケートの人気を一気に高めたのは伊藤みどりだった。1988年カルガリーオリンピックの女子シングルに出場すると、フリーで5種類の3回転ジャンプを7度きめ、演技中に笑顔でガッツポーズ。終了と同時に2万人の観客のスタンディングオベーションがおこった。総合順位は5位。

次の1992年アルベールビル大会にも伊藤は出場する。フリーで女子選手世界初となるトリプルアクセルを成功させ、銀メダルを獲得した。

そして天才少女・浅田真央が登場する。ジュニアの大会でトリプルアクセルを成功させ、2005年のグランプリファイナルで優勝。2008年の世界選手権でも優勝する。初めてのオリンピックとなる2010年バンクーバー大会では銀メダル。2014年ソチ大会ではフリーの演技で多くの人を感動させた。

浅田が年齢制限で出場できなかった2006年トリノ大会では、荒川静香が日本フィギュア初の金メダルを獲得。バンクーバー大会では髙橋大輔が男子シングル初のメダル（銅）を獲得した。

ソチ大会では羽生結弦が日本フィギュア男子シングル初の金メダルを獲得した。しなやかで美しい滑りの羽生は、次の2018年平昌大会で連覇をかざる。多くのファンに支えられた浅田と羽生は、日本フィギュアスケートの黄金時代を築いた。

2024年の世界選手権では、女子では次の世代をになう坂本花織が優勝、男子は若い鍵山優真が2位という好成績をあげた。また、三浦璃来・木原龍一の「りくりゅうペア」は、2023年優勝に続き2024年2位というすばらしい実績を残し、これまであまり注目されてこなかったペアの人気を高めた。今後のフィギュアスケートは、男女シングルはもちろんのこと、ペアやアイスダンスでも日本選手の活躍が見られるだろう。

伊藤みどり

圧倒的な高さのジャンプで知られたフィギュアスケーター、伊藤みどり。女子として世界で初めてトリプルアクセルを成功させ、1989年の世界選手権でアジア初・日本初のチャンピオンになる。1988年カルガリーオリンピックでは5種類の3回転ジャンプを跳び、大きなスタンディングオベーションを受けた。4年後のアルベールビル大会では念願のトリプルアクセルを成功させ、日本の女子選手で冬季オリンピック史上最高の銀メダルを獲得。伊藤以前の日本の女子フィギュアは1964年インスブルック大会の福原美和の5位が最高だった。伊藤のトリプルアクセルは続く浅田真央たちに引きつがれ、日本のフィギュアスケートを世界最高レベルにおしあげた。

1988年カルガリー
オリンピック、笑顔
で演技する伊藤。

伊藤みどり

1969	愛知県に生まれる
1980	全日本ジュニア選手権 優勝
	世界ジュニア選手権 8位
	全日本選手権 3位
1984	世界ジュニア選手権 3位
1985	全日本選手権 初優勝
	（以降、渡部絵美と並ぶ史上最多8連覇）
1988	カルガリーオリンピック 5位
1989	世界選手権 優勝
1992	アルベールビルオリンピック 銀メダル
1996	全日本選手権 優勝
2004	世界フィギュアスケート殿堂入り

高いジャンプに観客総立ち

　1980年世界ジュニア選手権に史上最年少・11歳で出場。フリーで1位、総合8位になる。同じ年の全日本選手権では3位（11歳での入賞は稲田悦子以来45年ぶり）。1985年の全日本選手権に中学3年生で出場し初優勝。それ以降優勝をかさね、1988年カルガリーオリンピックに出場した。ショートプログラムが終わった時点では暫定8位。しかし、フリーでは男子顔負けの高さのある5種類の3回転ジャンプを7度もきめた。圧倒的な演技に観客はわき、総立ちとなって、この日もっとも大きな拍手を送った。技術点では出場選手中、最高点を獲得したが、高い芸術点を得たカタリナ・ビット（東ドイツ）らにかなわずフリーは3位。総合で5位となった。

1992年アルベール
ビルオリンピックで
銀メダルに輝いた。

世界初トリプルアクセル成功

　1988年、愛知県フリー選手権で、競技会としては女子で世界で初となるトリプルアクセル（3回転半）を成功させた。翌1989年の世界選手権では着氷が乱れたが、みごとにトリプルアクセルをきめ、フィギュアスケートでアジア選手として初めてチャンピオンになる。

　1992年にはアルベールビルオリンピックに出場。ショートでは、練習で跳べなかったトリプルアクセルをやめ、より確実なトリプルルッツに変更。しかし、このルッツを失敗して4位となった。2日後のフリーでは、最初のトリプルアクセルで転倒したが、最後にもう一度挑戦し、成功させる。「オリンピックでトリプルアクセルを跳びたかった」という伊藤に金メダルの夢はかなわなかったが、日本の女子選手として、冬季オリンピック史上最高の銀メダルを獲得。伊藤はフィギュアスケートの楽しさを日本の人びとにしっかりと伝えてくれた。

長野オリンピックで聖火台に点火

　1998年長野オリンピックの開会式で、聖火の最終点火者となったのは伊藤だった。伊藤は、伝統芸能「能」の衣装をアレンジしたという白と赤の装束に身をつつみ、ハスの花を頭につけて登場。かがり火をモチーフにしたデザインの聖火台に火を点した。

 伊藤みどりの伝説の演技：アジア選手として初めてチャンピオンになった1989年の世界選手権では、9人の審判がそれぞれ6点満点で技術点、芸術点を採点し、その合計点で順位をきめる方式だった。伊藤のフリーの演技には、9人中5人の審判が技術点で満点の6点をつけ、伝説の演技となった。

「イナバウアー」で世界を魅了したフィギュア初の金メダリスト

荒川静香

冬季オリンピックでは1972年札幌大会以来メダルを獲得しつづけてきた日本選手団だったが、2006年トリノ大会では開幕から2週間、日本選手のメダルはゼロだった。そんな窮地をすくったのが荒川静香だった。フリーの曲はプッチーニ作曲の「トゥーランドット」。柔軟な体を生かした、優雅でのびのあるスケーティングで、大きく上体をそらせる「イナバウアー」を披露した。荒川は美しくミスのない演技で、それまでは伊藤みどりの銀メダルが最高だった日本フィギュア界に、史上初の金メダルをもたらした。同時にそれは、トリノオリンピックで日本が獲得した唯一のメダルとなった。

「トゥーランドット」を美しく演じる

多くの金メダリストをそだててきたタチアナ・タラソワをコーチにつけてのぞんだ、2004年世界選手権。フリーの曲は「トゥーランドット」。ジャンプを正確にきめたほか、のびやかな演技で1位となり、総合で逆転優勝した。2006年トリノオリンピック。ショートでは、サーシャ・コーエン（アメリカ）、イリーナ・スルツカヤ（ロシア）に次いで3位。だが、1位との差はわずかだった。フリーの曲は2年前に優勝した世界選手権で使った「トゥーランドット」。3回転を予定していたジャンプが1つ2回転になったほかはほぼノーミス。「イナバウアー」も組みこみ、優雅な演技で観客を魅了した。ショート、フリーとも自己ベストで合計191.34。コーエン、スルツカヤの2人が転倒したこともあって、荒川が逆転し金メダルがきまった。オリンピックのフィギュアスケートでの金メダルは日本人初。またトリノオリンピックでの日本唯一のメダルとなった。

2004年世界選手権ショートプログラムの演技。

強い印象を残した「イナバウアー」

荒川の代名詞ともなったイナバウアー。足を前後に開き、つま先を180度開いて横に滑る技だ。1950年代にこの技を開発した旧西ドイツのイナ・バウアー選手が名前の由来だ。荒川のイナバウアーは、上体を反らす技「レイバック」と組みあわせたもの。2004年から採点方式が変わり加点の対象にならなくなったため試合にとりいれなくなると、「最近イナバウアーをやらないね」といわれることがふえた。そこで、コーチの後おしもあって自分らしい演技をしようと決意し、トリノオリンピックのフリーで披露した。

荒川静香

1981	神奈川県に生まれる（1歳で宮城県へ）
1994	全日本ジュニア選手権 初優勝（1995、1996年も連覇）
1995	中学2年で出場したネーベルホルン杯シニアの部優勝
1997	中学3年生でシニアの全日本選手権（1月）に出場し2位
	全日本選手権（12月）で優勝
1998	長野オリンピック 13位
1999	全日本選手権 優勝（2連覇）
2002	四大陸選手権 2位
2003	冬季ユニバーシアード大会 優勝
	冬季アジア大会 優勝
	四大陸選手権 2位
	グランプリファイナル（12月） 3位
2004	世界選手権 優勝
	グランプリファイナル 2位
2006	トリノオリンピック 金メダル

トリノオリンピックで披露したレイバックのイナバウアー。

トリノオリンピックのメダル

荒川が金メダルを獲得したトリノオリンピックのメダルは、中央に穴があいためずらしいデザインだった。表側にはオリンピック競技を抽象的に表現した図柄が描かれ、裏側には競技ピクトグラムが刻まれている。丸い穴はオリンピックの5つの輪を連想させ、首にかけるためのリボンはこの穴を通して結ばれる。

 大会2か月前に曲を変更：荒川はトリノオリンピックのわずか2か月前に、使用曲を変更した。本番のリンクで滑ってみたら、それまで使っていた曲がしっくりこなかったのだ。フリーで使っていた曲をショートの曲にし、フリーでは以前に使っていた「トゥーランドット」に変更。金メダルにつながった。

31

浅田真央

12歳で全日本選手権に出場して「天才少女」とよばれ、14歳のころからはトリプルアクセルをはじめ3回転ジャンプを次つぎと軽やかに跳び、その姿から「妖精」といわれることもあった。2010年バンクーバーオリンピックではライバルのキム・ヨナ（韓国）との戦いにおしくもやぶれたが、銀メダルを獲得。2014年ソチオリンピックではショートで失敗したものの、フリーでは圧巻の演技で日本中を大きな感動の渦に巻きこんだ。トリプルアクセルにチャレンジする姿は、紀平梨花をはじめとする後輩たちに大きな影響をあたえた。素直で好感がもてる笑顔で数多くの人びとに愛された"真央ちゃん"は、日本のフィギュアスケート観戦者数を大きくふやした。

伊藤みどりにあこがれて
トリプルアクセル成功

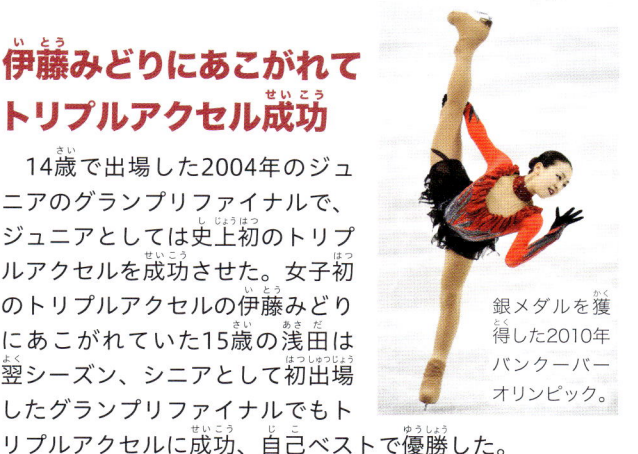

14歳で出場した2004年のジュニアのグランプリファイナルで、ジュニアとしては史上初のトリプルアクセルを成功させた。女子初のトリプルアクセルの伊藤みどりにあこがれていた15歳の浅田は翌シーズン、シニアとして初出場したグランプリファイナルでもトリプルアクセルに成功、自己ベストで優勝した。

銀メダルを獲得した2010年バンクーバーオリンピック。

金メダルを期待された2010年バンクーバーオリンピックでは、ショートでトリプルアクセルに成功。その後もミスのない演技でまとめた。フリーではトリプルアクセルを2本きめ、女子では史上初となる1大会3度のトリプルアクセルを成功させた。いくつかのミスがあったが、合計は自己ベストの205.50。しかし、金メダルはスピードのある演技で大きな出来栄え点を得たライバル、キム・ヨナ。浅田は銀メダルに涙をながした。だが、日本フィギュア女子では伊藤みどり、荒川静香につぐ、3人目のオリンピックメダリストとなった。

浅田真央	
1990	愛知県に生まれる
2004	ジュニアグランプリファイナル 優勝
2005	世界ジュニア選手権 優勝
	グランプリファイナル 優勝
2006	全日本選手権 優勝（2009年まで4連覇）
2007	世界選手権 2位
2008	世界選手権 優勝
	グランプリファイナル 優勝
2010	バンクーバーオリンピック 銀メダル
	世界選手権 優勝
2011	全日本選手権 優勝
2012	グランプリファイナル 優勝
	全日本選手権 優勝
2013	グランプリファイナル 優勝
2014	ソチオリンピック 6位
	世界選手権 優勝

ソチオリンピック「伝説のフリー」

今度こそ、と金メダルを期待された2014年ソチオリンピック。ショートプログラムではトリプルアクセルを転倒、3回転フリップが回転不足、コンビネーションジャンプを跳べないなどミスがかさなり、16位と大きく出遅れた。

しかし、翌日のフリーではトリプルアクセルをはじめ全6種類、計8度の3回転ジャンプを大きなミスなく着氷し、スピンやステップ、スパイラルも美しく滑って、会心の演技を披露。142.71点と自己ベストを更新する。演技を終えると涙をながしながら晴れやかな笑顔で観客に手をふった。最終順位は6位入賞となったが、日本中を大きく感動させ、世界を魅了。「伝説のフリー」といわれる演技となった。

ソチオリンピック、フリーでの圧巻の演技。

プロとしてアイスショーを開催

現役引退後の浅田は、みずからプロデュースしたアイスショーを開催している。2018年から3年間は、ファンへ感謝の気持ちをとどけるための「サンクスツアー」をおもに現役時代に使用した曲によるプログラムで開催。多くの人に見てもらいたいと、チケット価格を低くおさえ、全国で202回もの公演数をこなした。2022年9月からは新たなショー「BEYOND」をスタート。「乗り越える」「進化」という思いをこめたショーで、2023年7月まで23会場で103回の公演をおこなった。

サンクスツアー。

 レゴが好き： 浅田の趣味のひとつはレゴブロック。2005年に15歳でグランプリファイナルを制したときのごほうびはレゴだった。演技後には、花束のかわりにレゴがリンクに投げいれられることもあった（現在、リンクへのプレゼントの投げいれは禁止されている）。

髙橋大輔

天性の表現力がもち味のフィギュアスケーター。高いスケーティング技術を生かした華麗なステップは「世界一」といわれた。2010年バンクーバーオリンピックで男子シングルに出場すると、フィギュアスケート男子として日本人初のメダル（銅）を獲得。それまでは2002年ソルトレークシティー大会の本田武史の４位が最高だった。冬季オリンピック３大会連続出場・連続入賞はフィギュアでは髙橋が日本選手で初めて。2014年にいったん現役引退したが、４年後に32歳で現役復帰。その後、村元哉中と組みアイスダンスで活躍。音楽的感性を発揮した多彩な表現で、多くのファンを魅了した。

美しいステップは世界最高峰の評価

　2010年バンクーバーオリンピックの髙橋は輝いていた。ショートプログラムではすべてのジャンプをみごとにきめ、キレのあるステップも披露。自己ベストを更新する90.25をマークし、3位につける。フリーでは4回転ジャンプで転倒したが、あとは小さなミスのみで情感ゆたかな表現力で滑りおえた。フリーは5位だったが、総合では3位になり、銅メダルを獲得。日本人男子としてはフィギュア初のメダルとなった。芸術性が評価されるフリーの演技構成点はトップだった。

　バンクーバーオリンピックの1か月後の世界選手権で、髙橋はショート、フリーともに1位となり完全優勝をはたす。技術点、演技構成点ともにバンクーバーを上回る高得点。日本人男子として初の世界選手権チャンピオンとなった。また、フリーの演技ではシングルの選手として初めて、すべてのスピンとステップで最高評価のレベル4を獲得した。

バンクーバーオリンピック、世界一といわれた髙橋のステップ。

アイスダンスで復活

　2014年ソチオリンピック6位入賞の後、いったん現役引退したが、2018年に復帰。2020年からは村元哉中とペアを組んでアイスダンスに転向。女性をもちあげる「リフト」をおこなうために、ハードな筋トレにはげんだ。2022年の四大陸選手権のリズムダンスでは「ソーラン節＆琴」で和の世界を、フリーではバレエ音楽の「ラ・バヤデール」で古代インドの舞姫と戦士の恋を優雅に表現。ぴったり息のあった演技でみごと2位になった。さらに次の2022-2023年シーズンの全日本選手権では優勝をはたし、髙橋は史上初めてシングルとアイスダンスの2種目で全日本を制覇した。

髙橋大輔	
1986	岡山県に生まれる
2002	世界ジュニア選手権 優勝
2005	グランプリファイナル 3位
2006	トリノオリンピック 8位
	グランプリファイナル 2位
2007	世界選手権 2位
	グランプリファイナル 2位
2008	四大陸選手権 優勝
2010	バンクーバーオリンピック 銅メダル
	世界選手権 優勝
2011	四大陸選手権 優勝
	グランプリファイナル 2位
2012	世界選手権 2位
	グランプリファイナル 優勝
2014	ソチオリンピック 6位
	（オリンピック3大会入賞は日本フィギュア選手初）
2022	四大陸選手権アイスダンス 2位
	全日本選手権アイスダンス 優勝

2022年全日本選手権で優勝した村元哉中・髙橋大輔組。

アイスダンスとは？

　男女のペアが氷上でダンスを披露する競技。シングルのショートプログラムにあたるリズムダンスと、フリースケーティングにあたるフリーダンスがあり、合計得点で競う。フリーの曲は自由だが、リズムダンスの音楽は「ルンバ」「80年代ソング」など、シーズンごとにきめられたテーマの音楽から選ぶ。リフト、スピン、ステップ、ツイズル（多回転の片足ターン）などを組みこみ、スケーティング技術や2人の動きが一致しているかなどが採点基準となる。

 ガラスの割れる音：髙橋は、シニアに上がったころ、本番に弱く、「ガラスの心臓」とよばれた。そこで、編曲を担当した矢野桂一は、ショートプログラムの「eye」という曲の冒頭に、「ガシャ」というガラスが割れる音を入れることで、髙橋を勇気づけた。

ときには王子様、ときには野獣の目を見せる芸術的スケーター

羽生結弦（はにゅうゆづる）

オリンピックの2014年ソチ大会と2018年平昌（ピョンチャン）大会で金メダルを獲得（かくとく）し、オリンピックのフィギュアスケートの連覇（れんぱ）を達成（たっせい）した天才フィギュアスケーター。優美（ゆうび）さと気品をかねそなえた王子様のようなふるまい、シャープでキレのある身のこなし、高いスケーティング技術（ぎじゅつ）に裏打（うらう）ちされたすぐれた表現力（ひょうげんりょく）で、芸術（げい）作品ともいえる独自（どくじ）の世界をつくりだす。オリンピック、世界選手権（せんしゅけん）、四大陸（よんたいりく）選手権（せんしゅけん）（またはヨーロッパ選手権（せんしゅけん））、グランプリファイナル、世界ジュニア選手権（せんしゅけん）、ジュニアグランプリファイナルの主要国際（ようこくさい）大会6大会の優勝（ゆうしょう）を「スーパースラム」とよぶ。羽生は男子シングル史上（しじょう）初（はじ）めてこれを達成（たっせい）した。

転倒しても世界の頂点に立つ

2014年ソチオリンピック男子シングルに出場した羽生は、ショートプログラム「パリの散歩道」で首位に立つ。フリーでは、冒頭の4回転サルコウで転倒、3回転フリップで着氷に失敗するなど不本意な演技となり、自己ベストにはほど遠い178.64点（総合280.09点）にとどまった。多くの人が羽生の金メダルをあきらめたが、そのあと滑走した優勝候補のパトリック・チャン（カナダ）が、立てつづけにジャンプでミスをして脱落。羽生は冬季オリンピックのフィギュアスケート男子シングルで、アジア選手初となる金メダルを獲得した。

	羽生結弦
1994	宮城県に生まれる
2009	ジュニアグランプリファイナル 優勝
2010	世界ジュニア選手権 優勝
2012	全日本選手権 優勝（2015年まで4連覇）
2013	グランプリファイナル 優勝（2016年まで4連覇）
2014	ソチオリンピック 金メダル
	世界選手権 優勝
2017	世界選手権 優勝
2018	平昌オリンピック 金メダル
	国民栄誉賞受賞（個人史上最年少）
2020	四大陸選手権 優勝
	ISUスケーティングアワード最優秀選手賞受賞
2022	北京オリンピック 4位

平昌オリンピック、フリーでの「SEIMEI」の演技。このメダルは、1924年の第1回大会以降、冬季の通算1000個目の金メダルとなった。

「和」の世界を演じきった

2018年平昌オリンピックのショートでは、トリプルアクセルを完璧にきめるなど圧巻の演技を披露。111.68点をマークして首位発進する。フリーの曲は「SEIMEI」。平安時代の陰陽師、安倍晴明をモチーフにした曲だ。悪霊と戦う陰陽師のごとく、するどい視線ですばやく身をひるがえす。「和」の衣装につつまれて舞う姿は、千年昔の精霊の幻想的な飛翔のようにも見えた。演技構成点は文句なしのトップ。ショートとフリーの合計は317.85点。2位に10点以上の差をつけ、羽生は2大会連続となる金メダルを獲得した。冬季オリンピックの個人種目で日本選手が連覇をはたしたのは、史上初の快挙だった。

羽生結弦のコーチをつとめたブライアン・オーサー

オリンピックで初めてトリプルアクセルを成功させたのは、カナダのブライアン・オーサーだ。1987年の世界選手権では世界で初めて2度のトリプルアクセルを成功させてチャンピオンになった。2006年からコーチになり、2010年のバンクーバーオリンピックでは、キム・ヨナ（韓国）を金メダルに導く。その後は羽生やハビエル・フェルナンデス（スペイン）のコーチをつとめ、羽生をオリンピック連覇に導いた。

東日本大震災被災：2011年3月11日、羽生は宮城県仙台市内で練習中だった。大地震発生時にはスケート靴をはいたまま避難。自宅も被害を受け避難所生活を送った。だが、10日後には神奈川県で練習を再開。翌月には兵庫県で「東日本大震災チャリティー演技会〜復興の街、神戸から」に出演した。

なめらかなスケーティングとゆたかな表現力が魅力のスケーター

宇野 昌磨

浅田真央にさそわれてフィギュアスケートをはじめ、髙橋大輔にあこがれてトップをめざした。オリンピック男子シングルでは2018年平昌大会で銀メダル、2022年北京大会で銅メダルを獲得。世界大会で2位になることが多く「シルバーコレクター」といわれたこともあったが、

その後、4種類の4回転ジャンプを身につけ、世界選手権を2連覇。しだいに安定感も増し、日本のフィギュア界をリードするトップスケーターとなった。大スター羽生結弦が引退したあとの日本の男子フィギュアスケート界を、宇野は中心に立って支えてきた。

日本がほこる2選手がワンツー

2018年平昌オリンピックでは、ショートで細かいミスはあったものの4回転フリップなどを成功させ、104.17点で3位となった。フリーは冒頭の4回転ループで転倒したが、その後はミスなく高難度のジャンプを次つぎときめた。両足を外側に180度開き、背中を氷の近くまでたおして滑走する得意技の「クリムキンイーグル」も披露した。合計306.90点で2位。羽生結弦が金メダルを獲得し、宇野は銀メダル。シャープな羽生とは対照的な、優雅さと安定感のある宇野の表現力はオリンピックの舞台で高く評価された。

驚異の世界選手権連覇を達成して……

宇野にとって2度目のオリンピックとなった2022年北京大会では、ネイサン・チェン（アメリカ）、鍵山優真に次いで総合で3位。銅メダルを獲得し、2大会連続メダリストとなった。その翌月におこなわれた世界選手権では、オリンピック銀メダルの鍵山をおさえて初優勝した。

翌年の世界選手権では、足首をひねった後だったが、ショートは落ちついて演技して首位発進。フリーでも美しくていねいな滑りを見せた。ステップやスピンは圧巻で、後半のステップは最高の評価を得た宇野は、日本男子初の2連覇を達成した。すみずみにまで気持ちのこもった演技の評価は高い。ジャンプを踏みきるときのアプローチも、着氷のあとの姿勢もきれいにまとめる。その一連の動きは心の奥底からわきでる夢のストーリーを感じさせる。自国開

宇野昌磨

1997	愛知県に生まれる
2014	全日本選手権 2位
2015	全日本選手権 2位
2016	全日本選手権 優勝（2019年まで4連覇）
2017	世界選手権 2位
	グランプリファイナル 2位
2018	平昌オリンピック 銀メダル
	世界選手権 2位
	グランプリファイナル 2位
2019	四大陸選手権 優勝
2022	北京オリンピック 銅メダル
	世界選手権 優勝（2023年も連覇）
	グランプリファイナル 優勝
	全日本選手権 優勝（5度目）
2023	グランプリファイナル 2位
	全日本選手権 優勝（6度目）

宇野の得意技「クリムキンイーグル」。

催の世界選手権で日本男子初の2連覇を達成した宇野は、演技を終えると氷の上に大の字に倒れこんだ。

ランビエールコーチとの出会い

2019年、幼いころから指導を受けてきた山田満知子コーチから、別れを促された。高いレベルへ成長してほしいと願う愛情からだった。コーチなしでむかえた新シーズン。11月のグランプリシリーズ初戦フランス大会では大きくくずれて8位となり、1人ですわったキスアンドクライ（待機場所）では涙を見せた。そして出会ったのがステファン・ランビエールだ。世界一になれる実力と信じてくれ、スケートの楽しさも思いださせてくれた。ランビエールと強い信頼関係で結ばれた彼は、その後ふたたび大きな成長を見せることになる。

浅田真央に声をかけられて：宇野は5歳のとき、母親に連れられてスケートリンクへ行き、当時12歳の浅田真央に遊んでもらった。リンクにはスピードスケートやアイスホッケーのクラブもあったが、浅田に「昌磨くんはフィギュアに来なよ」とさそわれ、フィギュアをはじめることにしたという。

坂本花織

　天才スケーター浅田真央が引退した後の日本の女子フィギュアをリードする選手。元気あふれる力強い滑りが特徴で、ミスは少なく安定している。試合では4回転や3回転半ジャンプを跳ばないものの、その質はたいへんに高く、スピードに乗って、高さがあり、大きな飛距離のジャンプで次つぎと加点をかさねていく。2022年北京オリンピックでは銅メダルを獲得。2024年に世界選手権3連覇を達成した。これはペギー・フレミング（アメリカ）以来56年ぶりの快挙だ。

新しい女王の誕生

平昌オリンピック代表2枠をかけた2017年全日本選手権に出場した坂本は、大会4連覇の宮原知子につぐ2位となり、みごと代表の座を勝ちとった。代表候補と見られていた紀平梨花、樋口新葉、三原舞依をおさえての代表入りは、坂本の女王への道の第一歩となった。平昌では6位入賞。

同じ2018年の12月におこなわれた全日本選手権では、グランプリファイナルで優勝した紀平や5連覇をめざしていた宮原を上回り、新しい全日本女王になった。

2022年、坂本にとって2度目のオリンピックとなる北京大会に出場。ショートはすべてのジャンプや要素に高い出来栄え点がつく演技で3位につける。フリーでもなめらかで安定感のある演技を披露して3位。日本女子史上歴代最高の233.13点を獲得し、銅メダルを手にした。坂本は日本女子フィギュア選手として4人目のオリンピックメダリストとなった。

2018年全日本選手権で初優勝した坂本。

坂本花織	
2000	兵庫県に生まれる
2014	全日本ジュニア選手権 2位
2016	ジュニアグランプリファイナル 3位
	全日本ジュニア選手権 優勝
2017	世界ジュニア選手権 3位
	全日本選手権 2位（平昌オリンピック代表に決定）
2018	平昌オリンピック 6位
	四大陸選手権 優勝
	全日本選手権 優勝
2021	全日本選手権 優勝（2024年まで4連覇）
2022	北京オリンピック 銅メダル
	世界選手権 優勝（2024年まで3連覇）
2023	グランプリファイナル 優勝

質の高い演技で世界選手権3連覇

北京オリンピック後の2022年、2023年と世界選手権で連覇をはたし、2024年は3連覇に挑んだ。安定した滑りの坂本にしてはめずらしくジャンプで着氷が乱れ、ステップもとりこぼしがあり、まさかの4位スタートとなったが、フリーでは落ちついた滑りですべてのジャンプを着氷。2本目の3回転ルッツをのぞいてすべての要素で出来栄え点を得るみごとな演技で滑りきった。2位に10点以上の差をつけて逆転優勝。みごとに56年ぶりの世界選手権3連覇を達成した。女子でもトリプルアクセルをはじめとする高度な技をとりいれる選手がふえる一方で、それほど回転数をふやさずに、高さや飛距離がある質の高いジャンプを武器とする坂本は評価されている。

2024年世界選手権で3連覇をかざった坂本。

技術点と演技構成点

フィギュアスケートの得点は、おもに技術点と演技構成点の合計。技術点は、ジャンプ・スピン・ステップなどの技術要素を評価した得点。それぞれの要素には基礎点があり、その出来栄えにより＋5から－5までの出来栄え点がつく。演技構成点は、プログラム全体を評価する得点。構成力（コンポジション）、演技力（プレゼンテーション）、スケート技術（スケーティングスキル）の3つの項目について10点満点（0.25刻み）で評価する。

 男子顔負けの飛距離：坂本はジャンプの飛距離が大きいのが特徴だ。男子並みか男子以上に大きい。ダブルアクセルの飛距離は3.6mほどで、女子のトップスケーターたちの飛距離の2.5mほどとくらべると圧倒的に遠くまで跳べるのだ。

三浦璃来（みうらりく）
木原龍一（きはらりゅういち）

2014年ソチ大会、2018年平昌（ピョンチャン）大会とそれぞれ別のパートナーとオリンピックに出場した木原龍一（きはらりゅういち）。やはり別のパートナーと競技に出ていた三浦璃来（みうらりく）。それぞれのペアを解消（かいしょう）していた2人は、2019年に出会いパートナーとなった。「最高（さいこう）の相性（あいしょう）」という2人は、ペアを結成（けっせい）するとたちまち力をつけて世界トップの仲間入（なかまい）りをする。グランプリファイナルや世界選手権（せんしゅけん）で優勝（ゆうしょう）した2人によって、それまで日本人が関心（かんしん）をよせていなかった「ペア」が大きく注目されるようになった。

「最高の相性」で日本初のオンパレード

フィギュアスケートのペアは、パートナーとの相性がよくないとすばらしい演技ができない。三浦と木原の2人は、ペアを組んですぐに「最高の相性」を感じたという。相手を受けとめるときのタイミング、回転やステップの間合いや呼吸、技の一つひとつがぴったりと合ったのだ。2019年にペアを組んだ2人は、2021年にスケートアメリカ2位、NHK杯3位と好成績を残して2022年北京オリンピックに出場。7位となり、ペアでは日本初の入賞をはたす。翌月の世界選手権では日本のペア史上最高となる2位の好成績を残した。

フリーの難易度を上げてのぞんだ2022-2023年シーズンは、さらなる成長をとげた。スケートカナダでは自己ベストで優勝。続くNHK杯でもショートで1位、フリーでも1位となり、合計でまたも自己ベストを更新して優勝した。グランプリファイナルでは、合計1.3というわずかな差でアメリカのペアを上回り、ペアで日本人として初めて優勝をはたした。

	三浦璃来　木原龍一		
1992	木原龍一、愛知県に生まれる		
2001	三浦璃来、兵庫県に生まれる		
2021	世界選手権 10位		
	オータムクラシック 優勝		
	スケートアメリカ 2位、NHK杯 3位		
2022	北京オリンピック団体戦でショート、フリーともに自己ベスト、団体銀メダル、個人戦では7位		
	世界選手権 2位（日本勢のペア種目ではオリンピックを含め、ペアで過去最高位）		
	スケートカナダ 1位、NHK杯 1位		
	グランプリファイナル 優勝		
2023	四大陸選手権 優勝		
	世界選手権 優勝		
2024	世界選手権 2位		

グランドスラム達成という快挙

2人は2023年の世界選手権で前年の2位を上回る成績、優勝をめざした。ショートでは冒頭のツイストリフトのほかは、すべての要素で最高難度のレベル4を獲得。演技構成点も高得点で首位に立つ。2位に6点以上の差をつけてのぞんだフリーは、スロージャンプで転倒があったものの自己ベストをマークして首位を守り、世界選手権で日本人ペア初の優勝という偉業をなしとげた。このシーズンには、グランプリファイナル、四大陸選手権も制し、フィギュアでは日本人で初めて年間グランドスラム（3大大会で優勝）を達成。日本のフィギュアスケートの歴史をぬりかえた。

2022年NHK杯優勝の演技。

高く投げあげるツイストリフト。

ペアとはどんな種目？

ペアはアイスダンスと異なり、難度の高い技が組みこまれる。たとえばスロージャンプは、女性がジャンプを踏みきるタイミングで男性が女性を投げ、2回転か3回転して着氷する技。シングルと同じで6種類のジャンプがある。ツイストリフト（右の写真）は、男性が女性を頭上に高く投げ、回転して落ちてくる女性を受けとめる技。また、デススパイラルは、男性が軸となって女性の手をとり、女性は背中を反らせて体を低くのばし、コンパスのように円を描きながら滑る技だ。

 好きにならなくても　木原は、三浦とパートナーになったとき「ぼくのことを好きにならなくてもいいよ」と伝えたという。ときに恋人同士のような雰囲気をつくることが求められるペア。9歳下、当時17歳の彼女を気づかっての言葉だった。

まだまだいる！ 歴史をつくった選手たち

稲田悦子
女子シングル

12歳0か月の最年少オリンピック選手

女子部門ができた1935年全日本選手権では圧倒的な強さで優勝。1936年のガルミッシュ・パルテンキルヘンオリンピックの代表になった。10位に終わったが、12歳0か月での出場は、オリンピック出場日本選手最年少記録だ（2025年時点）。1937年から全日本で5連覇。1940年に開催予定だった札幌オリンピックへの出場をめざしたが、戦争により大会は返上となった。引退後は指導者として多くの一流スケーターをそだてた。

●おもな実績

1935年	全日本選手権 優勝
1936年	ガルミッシュ・パルテンキルヘンオリンピック 10位
1937年	全日本選手権 優勝（1941年まで5連覇）
1951年	全日本選手権 7度目の優勝

佐野 稔
男子シングル

世界選手権で初の銅メダルを獲得

1972年から全日本選手権5連覇。1976年インスブルックオリンピックでは9位に入った。1977年東京で開かれた世界選手権では5種類の3回転ジャンプを成功させ、男子シングルとしては日本人初の銅メダルを獲得した。このあとプロに転向し、日本で初のアイスショーを開催。ショーではバク宙を披露。また、フィギュアスケート解説者やスポーツキャスターをつとめたほか、JOCのフィギュアスケート強化コーチとして若手を育成している。

●おもな実績

1972年	全日本選手権 優勝
1976年	全日本選手権 5連覇
1976年	インスブルックオリンピック 9位
1977年	世界選手権 3位

渡部絵美
女子シングル

世界選手権で日本女子初の銅メダル

8歳から本格的にスケートをはじめ、10歳でアメリカにスケート留学をする。1972年、12歳で全日本ジュニア選手権、全日本フリー、全日本選手権に初出場で優勝。その後全日本選手権では史上初の8連覇をはたした（のちに伊藤みどりも8連覇を達成）。1976年インスブルックオリンピックでは13位だったが、1979年世界選手権では3位で日本女子として初めて表彰台に立った。引退後はタレント活動やスケート教室で若手の指導をしている。

●おもな実績

1976年	インスブルックオリンピック 13位
1979年	世界選手権 3位 全日本選手権 8連覇
1980年	レークプラシッドオリンピック 6位

本田武史
男子シングル

日本人で最初に4回転を跳んだ

中学3年のとき、世界ジュニア選手権で2位、全日本選手権では男子シングル最年少優勝をはたした。全日本選手権では6度優勝している。1998年の世界選手権の予選で日本人としては初めて4回転ジャンプに成功。2002年ソルトレークシティーオリンピックでは、ショートで4回転-3回転のコンビネーションジャンプを成功させ、2位につけた。総合4位入賞となり、日本人としてオリンピックで男子シングル初の入賞をはたした。

●おもな実績

1996年	世界ジュニア選手権 2位
2002年	ソルトレークシティーオリンピック 4位
2003年	四大陸選手権2度目の優勝 世界選手権2度目の3位

村主章枝
すぐりふみえ

女子シングル

世界一の高速スピンとゆたかな表現力で魅了

オリンピックに2回出場して5位と4位入賞。世界選手権に通算9回出場し、2位が1回、3位が2回。2003年グランプリファイナルで優勝。四大陸選手権では3度優勝。全日本選手権では5度優勝など、たくさんの輝かしい成績を残している。スピー

ド感のあるスケーティングと、世界一といわれる高速スピン、「氷上のアクトレス」と称される美しくゆたかな表現で観客を魅了した。

● おもな実績

2002年	ソルトレークシティーオリンピック 5位
2003年	グランプリファイナル 優勝
2006年	トリノオリンピック 4位
	世界選手権 2位

織田信成
おだのぶなり

男子シングル

明るく涙もろい人気の選手

7歳からスケートをはじめ、2005年の世界ジュニア選手権で優勝。2006年四大陸選手権では、日本人の男子シングルとしては本田武史以来2人目の優勝をはたす。2010年バンクーバーオリンピックでは、ショートプログラムで4位につけるも、フリーで靴ひもが切れるアクシデントがあり、7位となった。

明るく涙もろいキャラクターが人気で、テレビの解説やバラエティ番組などに出演している。

● おもな実績

2005年	世界ジュニア選手権 優勝
2006年	四大陸選手権 優勝
2009年	グランプリファイナル 2位（2010年も2位）
2010年	バンクーバーオリンピック 7位

安藤美姫
あんどうみき

女子シングル

ジャンプと表現力で2度の世界女王に

ジャンプが得意で、2002年ジュニアグランプリファイナルでは、女子選手としては世界で初めて公式大会での4回転ジャンプを成功させた。2004年のNHK杯では、3回転ルッツ-3回転ループ-2回転トウループという女子では最高難度のコンビネーションをきめ、1度のジャンプで出来栄え点と合わせて

15.2点という歴代最高得点を記録する。2006年からは表現力もみがかれ、2007年と2011年には世界選手権で優勝をはたした。

● おもな実績

2004年	世界ジュニア選手権 優勝
2007年	世界選手権 優勝
2010年	バンクーバーオリンピック 5位
2011年	世界選手権 優勝

鍵山優真
かぎやまゆうま

男子シングル

北京オリンピックで銀メダルを獲得

元オリンピック選手の父・鍵山正和がコーチ。高校1年のとき、全日本ジュニア選手権で優勝、全日本選手権で3位、2020年四大陸選手権でも3位となる。2021-2022年シーズンは、世界選手権と北京オリンピックで、ネイサン・チェンにつぐ2位となった。2023-2024年シーズンからイタリアのカロリー

ナ・コストナーがコーチに加わった。グランプリファイナルで3位、全日本選手権で2位、世界選手権で2位と健闘した。

● おもな実績

2021年	世界選手権 2位
2022年	北京オリンピック 銀メダル
	世界選手権 2位
2024年	世界選手権 2位

フィギュアスケートの歴史をつくった海外の選手たち

ウルリッヒ・サルコウ／スウェーデン

■1877年生まれ〜1949年没　■男子シングル

サルコウ・ジャンプの生みの親

　20世紀初頭に、世界選手権で2度の5連覇、合計10回の優勝（男子シングルでは最多）という偉業をなしとげた。フィギュアスケートが初めて採用された記念すべき1908年のロンドンオリンピックで金メダルを獲得。1909年、左（軸）足の内側でうしろ向きにすべりながら右足を前に振りあげ、エッジで踏みきるジャンプを初めて成功させ、サルコウ・ジャンプとよばれるようになる。

 おもな実績
- **1905年** 世界選手権5連覇
- **1908年** ロンドンオリンピック 金メダル
- **1911年** 世界選手権5連覇（10度目の優勝）
- **1913年** ヨーロッパ選手権9度目の優勝

イリーナ・ロドニナ／旧ソ連（ロシア）

■1949年生まれ〜　■ペア

世界選手権10連覇。史上最強のペアの女王

　おもに1970年代に活躍したペアの女子選手。1972年札幌、1976年インスブルック、1980年レークプラシッドとオリンピックを3連覇。1969〜1978年、世界選手権10連覇という記録（女子シングルのソニア・ヘニーとタイ記録）をもち、史上最強の「ペアの女王」とよばれた。パートナーは途中でかわっている。2014年のソチオリンピックで最終聖火ランナーをつとめた。

 おもな実績
- **1972年** 札幌オリンピック 金メダル
- **1978年** 世界選手権10連覇
- **1980年** レークプラシッドオリンピック 金メダル（3連覇）
　　　　　ヨーロッパ選手権11度目の優勝

カタリナ・ビット／旧東ドイツ

■1965年生まれ〜　■女子シングル

平和への願いをこめオリンピックのリンクで舞った

　1984年サラエボ、1988年カルガリーオリンピックと連続で金メダルを獲得。世界選手権でも4回優勝をはたしている。いったんプロに転向するが、1994年リレハンメルオリンピックに出場。当時、思い出の地だったサラエボがボスニア・ヘルツェゴビナ紛争で戦火に見舞われていたことで、ビットは反戦歌「花はどこへ行った」の曲に乗せ、平和へのメッセージをこめて演技し、観客の喝采をあびた。

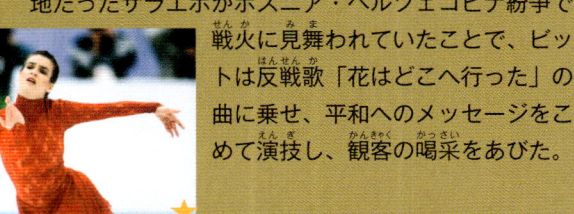

おもな実績
- **1984年** サラエボオリンピック 金メダル
- **1988年** カルガリーオリンピック 金メダル
　　　　　世界選手権4度目の優勝
　　　　　ヨーロッパ選手権6連覇

キム・ヨナ／韓国

■1990年生まれ〜　■女子シングル

ジャンプで人びとを魅了した浅田真央のライバル

　ジュニア時代から浅田真央の同い年のライバルで、多くの大会で優勝を競ってきた。2010年バンクーバーオリンピックでは、浅田の得点を上回り金メダルを獲得。2014年ソチオリンピックでも銀メダルを手にした。基礎点の高いコンビネーションジャンプを得意とし、スピード感のあるスケーティングと表現力がもち味。飛距離のあるジャンプで大きな出来栄え点をかさねることが多かった。

おもな実績
- **2009年** グランプリファイナル3度目の優勝
- **2010年** バンクーバーオリンピック 金メダル
- **2013年** 世界選手権2度目の優勝
- **2014年** ソチオリンピック 銀メダル

パトリック・チャン／カナダ

■1990年生まれ〜　■男子シングル

美しいスケーティングで観客を魅了

2011〜2013年世界選手権3連覇、2008〜2018年カナダ選手権10度の優勝の記録をほこる。魅力は、なめらかで美しくスピードのあるスケーティング。たくみなエッジさばきで自在に方向転換やスピードの加減速をする。ジャンプはクリーンで質が高く、大きな出来栄え点を獲得することが多かった。高い表現力、4回転ジャンプも武器に、何度も2位に点差をつけて圧勝した。

おもな実績

2011年	世界選手権 優勝
2013年	世界選手権 3連覇
2014年	ソチオリンピック 銀メダル
2018年	カナダ選手権 10度目の優勝

アリーナ・ザギトワ／ROC（ロシア）

■2002年生まれ〜　■女子シングル

平昌オリンピックでみごと金メダル

2018年平昌オリンピックの金メダリスト。この大会、世界選手権を連覇し金メダル最有力候補とされていた同じROC（ロシアオリンピック委員会）のエフゲニア・メドベージェワが、ショートプログラムで81.06の世界最高得点をマーク。するとザギトワはこれを上回る82.92という高得点を出す。フリースケーティングで、2人は156.65で同点。ショート1位のザギトワが勝利した。

おもな実績

2017年	世界ジュニア選手権 優勝
	グランプリファイナル 優勝
2018年	平昌オリンピック 金メダル
2019年	世界選手権 優勝

ネイサン・チェン／アメリカ

■1999年生まれ〜　■男子シングル

5種類の4回転を史上初めて成功させた

羽生結弦のライバルといわれた。2017年、史上初めて1つのプログラムで5本の4回転ジャンプを成功。その後5種類の4回転ジャンプを成功させた初の選手となった。2018年から世界選手権3連覇。平昌オリンピックではショートプログラムですべてのジャンプを失敗し17位となったが、フリーでは当時歴代3位となる215.08の高得点で1位。総合は5位入賞。2022年北京オリンピックでは雪辱をはたし金メダルに輝いた。

おもな実績

2018年	平昌オリンピック 5位
2019年	グランプリファイナル 3連覇
2021年	世界選手権 3連覇
2022年	北京オリンピック 金メダル

イリア・マリニン／アメリカ

■2004年生まれ〜　■男子シングル

世界初！　4回転アクセルを成功させる

2022年、世界で初めて4回転アクセルを成功させた。2023年には4回転ループをきめ、史上初めて6種類の4回転ジャンプを成功させた選手となった。2023年のグランプリファイナルに初優勝すると、同シーズンの2024年世界選手権でも初優勝をはたす。このときフリーでは、5種類の4回転ジャンプ6本をすべて成功させ、得点は227.79。2019年にネイサン・チェンがマークした世界最高得点を上回り、総合でも歴代2位の得点だった。

おもな実績

2022年	世界ジュニア選手権 優勝
2023年	グランプリファイナル 優勝
2024年	全米選手権 連覇
	世界選手権 優勝

日本選手が世界のトップへ、スピードスケート

日本はレークプラシッド大会から オリンピックに出場

スケート発祥の地はオランダといわれている。冬にこおった運河をわたるため、13世紀ごろには靴の底に刃がとりつけられた現在のスケートシューズのようなものが使用されていた。そのスケートを使って速さを競うようになったのがスピードスケートだ。

日本に伝わったのは19世紀の後半。北海道で普及し、全国にひろまっていったとされる。オリンピックでは1924年第1回冬季シャモニー・モンブラン大会から男子、1960年スコー・バレー大会から女子が正式種目としておこなわれている。日本のスピードスケート選手が

1936年、ガルミッシュ・パルテンキルヘンオリンピックの男子500m。

オリンピックに出場したのは1932年レークプラシッド大会からだ。

オリンピックメダリストの誕生

第二次世界大戦後のオリンピックでは、スコー・バレー大会で高見沢初枝が女子3000mで4位、500mと1000mで5位に入賞している。その4年後の1964年インスブルック大会では鈴木恵一が男子500mで5位。鈴木は1968年1月におこなわれたドイツの大会と、同じく3月の全日本選手権で世界新記録を出すものの、金メダル候補として出場した1968年グルノーブルオリンピックでは500m8位。1970年には38秒50の世界新記録も樹立し、1972年札幌オリンピックに出場。選手団主将として選手宣誓もつとめたが、男子500mで19位に終わった。

日本人選手がオリンピックのスピードスケートで初めてメダルを獲得したのは、1984年サラエボ大会男子500mの北沢欣浩（銀）だった。1988年カルガリー大会では同じ種目で黒岩彰が銅メダル。このカルガリー大会に出場した橋本聖子はスピードスケート女子の全種目に出場し、すべてで入賞（8位以内）をはたす。さらに橋本は4年後の1992年アルベールビル大会の1500mで、日本の女子選手としては初となる冬季オリンピックのメダル（銅）を獲得した。

長野オリンピック男子500mで優勝した清水宏保。小柄で速かったため「小さな巨人」とよばれた。

長野オリンピックで初の金メダル

1998年長野オリンピックでは、ついに日本人金メダリストが誕生する。筋力を強化して長野大会に登場した清水宏保は、低い姿勢から勢いよく飛びだす「ロケットスタート」と、きたえあげた筋肉が生みだす瞬発力で一気に加速。その勢いのまま滑りきり、日本のスピードスケート選手としては初となる金メダルに輝く。さらに女子では500mで岡崎朋美が銅メダルを獲得した。4年後のソルトレークシティー大会では清水がトップとわずか100分の3秒差で銀メダル。長年にわたり、日本のトップ選手として活躍した。

2010年のバンクーバー大会で、清水は代表権をとれず引退。その後を引きつぐように、男子500mで長島圭一郎が銀メダル、加藤条治が銅メダルを獲得した。女子ではチームパシュート（小平奈緒、田畑真紀、穂積雅子）で銀メダルに輝いた。

世界を圧倒した小平奈緒と髙木美帆

そして2018年平昌オリンピックで、日本の女子が驚異的な輝きを放つ。国内外の大会の女子500mで24連勝の「絶対女王」小平奈緒が平昌でも優勝した。スピードスケート女子としては日本初の金メダルだ。女子チームパシュート（髙木美帆、菊池彩花、佐藤綾乃、髙木菜那）も金メダル。さらにこの大会で初めて採用された女子マススタートで髙木菜那が金メダルに輝いた。女子1000mでは小平奈緒が、女子1500mでは髙木美帆が銀メダルを獲得。女子1000mの髙木美帆の銅メダルを加えると、なんと女子スピードスケートで金3個、銀2個、銅1個、合計6個のメダルを獲得したのである。

この勢いは次の2022年北京オリンピックに引きつがれた。髙木美帆が女子1000mで金、500mと1500mで銀、さらにチームパシュート（髙木美帆、髙木菜那、佐藤綾乃）でも銀メダルを獲得。髙木美帆は1人で金1個、銀3個の大活躍を見せたのである。2024年世界選手権の1000mと1500mでも優勝するなど、その活躍はまだまだ続いている。

橋本聖子
（はしもとせいこ）

日本女子スピードスケーター活躍のさきがけとなったのが橋本聖子だ。初めてのオリンピック出場は1984年サラエボ冬季大会。以来19歳から31歳までの12年間で、冬季大会に4回、夏季大会に3回、合計7回もオリンピックに出場した二刀流アスリート。冬季はスピードスケート、夏季は自転車競技に出場して活躍した。1992年アルベールビル冬季大会のスピードスケート女子1500mで、銅メダルを獲得。これは日本女子初の冬季オリンピックのメダルとなった。7回のオリンピック出場は、日本人女子選手では最多の記録。

1988年ソウル大会自転車女子スプリントで疾走する橋本。

カルガリーで全5種目入賞、二刀流へ

　高校2年でスケートの全日本選手権と全日本スプリント選手権を総合優勝。以後10年間にわたって全日本選手権を制する。オリンピック初出場は1984年サラエボ冬季大会。スピードスケート女子全4種目に出場した。1988年カルガリー冬季大会では、出場した全5種目で日本新記録での入賞をはたした（500m5位、1000m5位、1500m6位、3000m7位、5000m6位）。その半年後、1988年夏のソウル大会に自転車競技で出場。スピードスケートと自転車は姿勢や使う筋肉が共通しているため、海外では両方で活躍する選手はめずらしくないが、日本では橋本が史上初めて冬・夏両方のオリンピックに出場した。

冬季オリンピック初のメダル

　1992年アルベールビル冬季大会でもスピードスケート全5種目に出場した。1500mでは、屋外リンク自己最高をマークし、ついに銅メダルを獲得。これは日本の女子選手で初めての冬季オリンピックのメダルという快挙だった。さらに、1992年バルセロナ大会には自転車競技で2度目の出場。女子3000m個人追い抜きで11位と健闘した。1994年

橋本聖子	
1964	北海道に生まれる
1984	サラエボ（冬季）オリンピック スピードスケート 　全4種目に出場
1988	カルガリー（冬季）オリンピック スピードスケート 　全5種目入賞
	ソウル（夏季）オリンピック 自転車競技に出場
1992	アルベールビル（冬季）オリンピック 　スピードスケート1500m銅メダル
	バルセロナ（夏季）オリンピック 自転車競技に出場
1994	リレハンメル（冬季）オリンピック 　スピードスケート3000m6位
1996	アトランタ（夏季）オリンピック 自転車競技に出場

1992年アルベールビル冬季大会、1500mで銅メダルを獲得する。

リレハンメル冬季大会では日本選手団の主将をつとめ、スピードスケート3000mで6位入賞、5000mで8位入賞をはたした。1996年アトランタ大会の自転車競技にも出場。引退後は後進の指導にあたるとともに、日本スケート連盟の会長に就任。スケート界の発展につくした。

1964年東京オリンピック開会式。

1964年10月生まれ

　計7回もオリンピックに出場した橋本は、「オリンピックの申し子」とよばれている。1964年東京オリンピック開幕の5日前に生まれた橋本に、実際に国立競技場で開会式を見て感動した父が、聖火にちなんで「聖子」と名づけたのだ。橋本自身も最大限の努力をし、「すばらしい聖火に恥じないレースをしよう」とつねに心がけていたという。

病気をのりこえて：小学3年のときに腎臓病で2か月入院し、2年間スポーツを禁止された。高校生のときには腎臓病が再発、さらに呼吸が止まってしまう呼吸筋不全症になり、B型肝炎にも感染するなど、多くの病気を経験した。橋本はこの逆境をやりすぎといわれるほどの練習量でカバーした。

ロケットスタートでかけぬけたスピードスケート初の金メダリスト

清水宏保

1998年長野オリンピック・スピードスケート男子500mではオリンピック新記録で優勝。日本のスピードスケート史上初の金メダリストになった。オリンピックには1994年リレハンメル大会から4大会連続で出場。シャープな「ロケットスタート」で瞬時にスピードにのり、そのまま勢いよくかけぬけるスプリンター。男子500mでは1996年の35秒39以来、世界記録を複数回更新している。世界距離別選手権でも優勝を5回勝ちとるなど、長年にわたりスピードスケート短距離界で活躍した。

清水宏保

1974	北海道に生まれる
1993	スピードスケートワールドカップ 500m初優勝
1994	リレハンメルオリンピック 500m 5位
1998	長野オリンピック 500m金メダル、1000m銅メダル
2002	ソルトレークシティーオリンピック 500m銀メダル
2006	トリノオリンピック 500m18位

長野オリンピック男子500m、清水のロケットスタート。

日本スピードスケート史上初の金メダル

清水の武器は、低い姿勢から勢いよく飛びだす「ロケットスタート」。スタートダッシュは世界トップレベルの速さだ。オリンピック初出場は19歳で挑戦した1994年リレハンメル大会。男子500mで5位に入賞した。1996年には500mで35秒39の世界新記録を樹立。身長162cmの「小さな巨人」とよばれ、スプリント競技は長身の選手に有利という常識をくつがえした。2回の合計タイムで競われた

1998年長野大会男子500mは、1回目35秒76、2回目35秒59と、ともにオリンピック新記録。結果は日本スピードスケート史上初の金メダル。これは長野大会での日本選手団初の金メダルでもあった。日本の選手たちはここから一気に勢いがつき、メダルを量産した。清水は男子1000mでもメダル（銅）を獲得した。

腰痛に苦しみながら銀メダル

長野大会ののち、清水は2001年の世界距離別選手権で世界記録保持者に返りざき、2002年ソルトレークシティーオリンピックに出場した。靴下もはけないほどのはげしい腰痛に苦しんだが、オリンピックという大舞台であることを意識した清水は、必死の思いで滑って、男子500mで銀メダルを獲得した。4度目のオリンピックとなる2006年トリノ大会では500m18位となり、2010年3月に現役を引退。「33秒台を出せなかったことが心残り」としながらも、「たくさんの人に支えられ、幸せなスケート人生だった」と振りかえった。

2002年ソルトレークシティーオリンピック男子500m。

スラップスケート

フィギュアやアイスホッケーのスケート靴は、靴とブレード（刃）がしっかり固定されているが、スピードスケートで使用される「スラップスケート」は、ブレードの後部が靴底に固定されていない。蹴るときにブレードがはなれて、ばねでもどる構造だ。ブレードが氷に接している時間が長いため、蹴る力が効率よく氷に伝わるという利点がある。長野オリンピック直前に採用され、記録が向上した。

 ぜんそくとの闘い：清水は幼いころから、気管支ぜんそくとも闘ってきた。発作を出さないように、ぜんそくをうまくコントロールしながらきびしいトレーニングにはげみ、オリンピックの金メダリストにまでのぼりつめた。

岡崎朋美
おかざきともみ

スピードスケート500mなどで1994年リレハンメル大会から5大会連続で冬季オリンピックに出場し、世界選手権でも3度銅メダルを獲得するなど長く活躍を続けたスプリンター。橋本聖子引退から小平奈緒、髙木美帆の世代をついで活躍した。オリンピックでは1998年長野大会の500mで銅メダルを獲得。これは日本女子スピードスケート短距離史上初のメダルとなった。レース後のさわやかな笑顔は「朋美スマイル」とよばれ、人気を集めた。

短距離で日本女子初のメダル獲得

　1990年、富士急行に入社すると、先輩の橋本聖子らとともに練習をかさね、急成長する。初めて出場したオリンピック、1994年リレハンメル大会では女子500m14位だったが、1996年、1997年と続けて全日本スプリント選手権を制し、トップスケーターの仲間入りをはたした。

　1998年長野大会では直前にスラップスケート（→53ページ）が採用され、なれないまま本番をむかえてしまった。だが、仲間からの大きな声援で「よい緊張状態」をつくることができた岡崎は、500mで日本新記録をたたきだし、銅メダルを獲得。短距離で日本女子初のメダルという快挙、そしてフィニッシュしたあとの「朋美スマイル」で国内外の人気を集めた。1000mでは7位入賞をはたした。

岡崎朋美
1971　北海道に生まれる
1994　リレハンメルオリンピック 500m14位
1998　長野オリンピック 500m銅メダル、1000m7位
2002　ソルトレークシティーオリンピック 500m6位
2006　トリノオリンピック 500m4位、1000m16位
2010　バンクーバーオリンピック 500m16位、
1000m34位

オリンピック5大会連続出場

　長野大会の後、椎間板ヘルニアの手術を経て代表の座をつかんだ2002年ソルトレークシティー大会では500mで6位入賞。2006年トリノ大会では、日本選手団の主将をつとめる。わずか0.05秒差でメダルにとどかなかったものの、4位入賞をはたした。三十代になっても体力を維持しつづけ、自己ベスト（37秒66）を出したのは37歳のとき。2010年バンクーバー大会では開会式で日本選手団の旗手をつとめ、冬季オリンピック5大会連続出場をはたした。

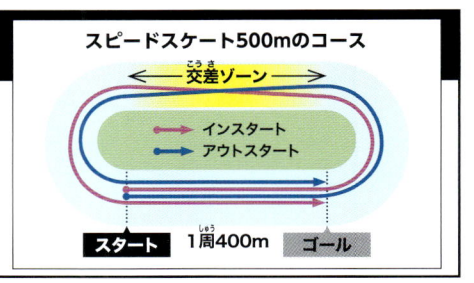

バンクーバーオリンピックでは日本選手団の旗手になった。

ソルトレークシティーオリンピックでは6位入賞。

500mは何回滑る？

　スピードスケートでもっとも高速で滑走する500mでは、最終コーナーがきつくなるアウトスタートよりインスタートのほうが有利という考えがあったことで、1998年長野オリンピックからインスタートとアウトスタートの2回のレースをおこない、その合計タイムで順位を決定した。しかし、2018年平昌オリンピックからは1回のみの勝負になっている。

スピードスケート500mのコース

交差ゾーン

インスタート
アウトスタート

スタート　1周400m　ゴール

豆知識　**きついレーシングスーツ**：スピードスケートでは、空気抵抗をおさえるため、ピタッとしたレーシングスーツに全身をつつむ。首元をギュッとしめてフードをかぶると、前かがみの姿勢で固定される。ゴール後には息があがって苦しくなるので、選手はすぐにフードをはずす。

清水宏保以降、ようやく誕生した短距離の金メダリスト

小平奈緒

2010年バンクーバー大会から、冬季オリンピック4大会連続出場。バンクーバー大会では、チームパシュートで銀メダルを獲得。2018年平昌大会の女子500mでは、オリンピック日本女子スピードスケート史上初となる金メダルを獲得した。2016年10月の全日本距離別選手権から2019年2月のワールドカップハーマル大会まで、女子500mで負けなしの37連勝を記録。平昌大会の前にはスピードスケート強豪国のオランダで技術を学び、世界の第一線で活躍を続けたスプリンター。地元の長野を愛し、そして愛されたスケーターだ。

	小平奈緒
1986	長野県に生まれる
2009	全日本距離別選手権 500m、1000m、1500m優勝
2010	バンクーバーオリンピック チームパシュート銀メダル
2014	ソチオリンピック 500m 5位
2015	ワールドカップ 500m総合優勝
2017	世界距離別選手権 500m優勝、1000m 2位
	世界スプリント選手権 総合優勝
2018	平昌オリンピック 500m金メダル、1000m銀メダル
2020	世界距離別選手権 500m優勝

バンクーバーオリンピックのチームパシュート。左から小平、穂積雅子、田畑真紀。

オランダで身につけた多くのもの

　1998年長野オリンピックでの清水宏保の活躍に感動し、スピードスケートに打ちこんでいく。高校3年時のインターハイでは500mと1000mの二冠を達成。2009年、全日本距離別選手権で500m、1000m、1500mの三冠。2010年バンクーバーオリンピックでは、チームパシュート（→59ページ）のメンバーとして銀メダルを獲得したが、個人種目メダルなしのくやしさからトレーニングをかさね、2011年、2012年の全日本距離別選手権で連続三冠を達成。2014年ソチオリンピックでは500mで5位に終わり、世界との差を感じた小平は、練習拠点をオランダへ移す。2年間の滞在でスピードスケート強豪国の練習方法や技術を学んだ。2017年には世界距離別選手権500mを37秒13で優勝、さらに同じ年には1000mの世界記録も打ちたてた。

日本女子スピードスケート 初の金メダル

　ワールドカップで優勝をかさね、オリンピック金メダルの最有力候補として出場した2018年平昌大会。まずは1500mで6位入賞。1000mでは銀メダルを獲得した。本命の500mは、オリンピック新記録となる36秒94でかけぬけた。小平は日本女子スピードスケート初の金メダリストとなった。

　股関節の不調を乗りこえて出場した2022年北京大会ではふるわず、レース後に右足首をねんざしていたことを明かした。2022年10月、現役最後のレースとなった全日本距離別選手権500mを優勝でかざった。

2018年平昌オリンピックの女子500m決勝。

ライバル、イ・サンファ

　韓国代表で、オリンピックバンクーバー大会、ソチ大会500mの金メダリスト。小平とは最大のライバル、そして尊敬しあう親友でもある。母国開催の平昌大会では、0秒39差で銀メダル。3連覇をはたせず涙をながすイ・サンファの肩を、小平がやさしく抱きしめながらウイニングランをする姿は、国境をこえた友情として感動をよんだ。

やぶれた韓国のスター選手イ・サンファによりそう小平。

 怒った猫：小平はオランダで、コーチから「ナオ、"怒った猫"になりなさい」と指導を受けた。相手を威嚇する猫は、重心を下げて肩をつりあげている。そこから、腰を落としても頭を下げすぎずに上半身を起こすフォームを身につけた。

髙木美帆

スピードスケートで、500mから3000mまで幅広く強さを発揮する、世界有数のオールラウンダー。オリンピックでは2018年平昌大会でチームパシュートの金を含む3個のメダル、2022年北京大会では1000mの金と3個の銀メダルを獲得した。合計7個となったオリンピックのメダル獲得数は、夏冬全競技あわせて日本女子選手最多記録だ。2024年現在、1500mの世界記録、1000mと3000mの日本記録をもつ。

2018年平昌オリンピックの1500mで銀メダルを獲得。

髙木美帆

1994	北海道に生まれる
2010	15歳でオリンピックに初出場（バンクーバー大会）
2018	平昌オリンピック チームパシュート金メダル、1500m銀メダル、1000m銅メダル 世界選手権 総合優勝
2020	世界スプリント選手権 総合優勝
2022	北京オリンピック 1000m金メダル、500m、1500m、チームパシュート銀メダル

世界で戦えるオールラウンダーの誕生

2009年、全日本ジュニア選手権で総合優勝をはたす。同年のバンクーバーオリンピック代表選考会では「スーパー中学生」と注目され、日本のスピードスケート史上最年少の15歳で代表に選出されたが、大会本番では結果を出せなかった。

2014年ソチオリンピックの代表はのがしたが、2015年の世界距離別選手権ではチームパシュートで日本初の金メダルを獲得。オランダ出身のヨハン・デビットコーチのもとで着実に力をつけ、2018年平昌オリンピックでは得意の1500mで銀メダル、さらに1000mで銅メダル、チームパシュートでは金メダルに輝いた。直後の世界選手権では、日本選手史上初めて大会総合優勝をはたす。

2018-2019年シーズンのワールドカップ最終戦は1500mを世界新記録で優勝。2019-2020年シーズンの世界スプリント選手権では大会総合優勝し、あらゆる距離で強さを見せた。

1大会で金1個と銀3個の快挙

2022年北京オリンピックでは日本選手団の主将をつとめ、5種目に出場した。まず3000mで6位入賞。続けて1500m、500m、チームパシュートで銀メダルを獲得した。最終種目の1000mはオリンピック新記録で個人種目では初となる金メダルに輝く。冬季オリンピック1大会で4個のメダル獲得は、日本選手史上最多の快挙となった。

2024年の世界距離別選手権では、1000mと1500mの二冠を達成し、圧倒的な強さを見せつけた。

2022年北京オリンピック1000m。金メダルの滑走。

チームパシュート

「団体追い抜き」ともよばれる。4人チームのうち3人1組が、空気抵抗をおさえるため縦一列となって1周400mのリンクを6周すべり、最後にゴールした選手が通過したタイムを競う。平昌オリンピックで金メダルに輝いた日本の女子チーム（髙木菜那、髙木美帆、佐藤綾乃、菊池彩花）のスケーティングは、「世界一美しい隊列」と評価された。

手前から髙木美帆、佐藤綾乃、髙木菜那。

スピードスケート大国・オランダ：もともと、オランダのこおった運河を滑る文化がスピードスケート競技のはじまりとされている。ソチオリンピックでは男女計12種目のうち8種目で金メダル。種目数が14にふえた平昌大会（金7個）、北京大会（金6個）でも、世界トップの成績だ。

まだまだいる！ 歴史をつくった選手たち

鈴木恵一
短距離（500m）
世界最速を記録した悲運のエース

男子500mの世界記録を2回樹立するなど、国内外で無敵をほこった。オリンピックには3大会連続出場。1964年インスブルック大会で5位に入賞。1968年グルノーブル大会では、風がはこんだ小石をレース直前にふんでしまい、ブレード（刃）のエッジが欠けるアクシデントに見舞われ、8位に終わった。

1970年の世界スプリント選手権では総合2位だったが1972年札幌オリンピックでは19位。オリンピックとの相性はよくなかった。

● おもな実績
1964年 インスブルックオリンピック 500m 5位
1968年 グルノーブルオリンピック 500m 8位
1970年 世界スプリント選手権 500m 2位
1972年 札幌オリンピック 500m 19位

黒岩 彰
短距離（500m）
挫折を乗りこえリベンジの銅メダル

1983年の世界スプリント選手権で、日本人初の総合優勝をはたした。金メダル獲得の期待がかけられたサラエボオリンピックは、悪天候で競技開始が5時間半も遅れたうえ、屋外リンクにうすく雪が積もるという悪条件。さらに、不利といわれるアウトレーンスタートで、10位に終わった。4年後、26歳でむか

えたカルガリー大会では、36秒77の自己ベストで3位となり、銅メダルを獲得。みごとにリベンジをはたした。

● おもな実績
1983年 世界スプリント選手権 500m総合優勝
1984年 サラエボオリンピック 500m 10位
1988年 カルガリーオリンピック 500m銅メダル

北沢欣浩
短距離（500m）
日本スケート史上初のメダリスト

大学3年生のときにのぞんだ、1984年サラエボオリンピック男子500m。屋外リンクには大雪が降り、吹雪が舞う最悪のコンディション。金メダル候補といわれた黒岩彰が失速するなか、「一発勝負に強い」といわれていた北沢が大舞台で実力を出しきり、銀メダルを獲得。日本スケート史上初のオリンピッ

クメダリストとなった。1998年長野大会の開会式では、猪谷千春、笠谷幸生、橋本聖子らとともにオリンピック旗をもって入場した。

● おもな実績
1984年 サラエボオリンピック 500m銀メダル

山本宏美
長距離（5000m）
長距離種目で日本初のメダル獲得

病気（脳腫瘍）や大けが（左足首の靭帯断裂）を機に、足への負担を少なくするために歩幅の小さいピッチ走法にかえた。その結果、自己記録を次つぎと更新した。1994年リレハンメルオリンピック女子5000mでは、自身の記録を11秒以上も縮める7分19秒68の日本新記録で銅メダルを獲得。スピード

スケート・長距離種目での日本選手のメダル獲得は、男女を通じて山本が初めてとなる快挙だった。

● おもな実績
1994年 リレハンメルオリンピック 5000m銅メダル

田畑真紀
オールラウンド

オリンピック5大会出場のオールラウンダー

短距離から長距離までこなすオールラウンダーで、全日本選手権では6連覇を含む8回の総合優勝を達成。女子総合（500m・1000m・1500m・3000m）の総合得点日本記録は2024年現在もやぶられていない。オリンピックは1994年リレハンメル大会から2014年ソチ大会まで5大会に出場（長野

大会は骨折により辞退）。2010年バンクーバー大会女子チームパシュートで、日本女子スピードスケート史上初となる銀メダルを獲得した。

●おもな実績
2001年 世界距離別選手権 1500m 2位
2006年 トリノオリンピック チームパシュート4位
2010年 バンクーバーオリンピック チームパシュート銀メダル

加藤条治
短距離（500m）

コーナーワークの天才は銅メダル

2005年、世界距離別選手権男子500mで優勝。同年、ワールドカップで当時の世界新記録をマークし、初優勝をかざった。ショートトラックの経験をいかしたコーナーワークがもち味で、体を倒し、飛ぶようにカーブをかけぬける。オリンピックには2006年トリノ大会から4大会連続で出場し、2010年バ

ンクーバー大会では銅メダルを獲得した。各大会で、6位以内の入賞をはたしている。

●おもな実績
2006年 トリノオリンピック 500m 6位
2010年 バンクーバーオリンピック 500m銅メダル
2014年 ソチオリンピック 500m 5位
2018年 平昌オリンピック 500m 6位

長島圭一郎
短距離（500m）

ライバルと競いあって銀メダルを獲得

高校3年で、長距離から短距離に転向した。2005年全日本スプリント選手権で総合優勝。だが、2006年トリノオリンピック500mでは13位。2006-2007年シーズンは、全日本選手権500m、1000mの二冠を達成。2009年、世界スプリント選手権で2位となった。2010年バンクーバーオリンピックで

は、トップと0秒16差で銀メダル。銅メダルの加藤条治とともに表彰台に立った。2014年ソチオリンピックでは6位に入賞した。

●おもな実績
2009年 世界スプリント選手権 500m 2位
2010年 バンクーバーオリンピック 500m銀メダル
2014年 ソチオリンピック 500m 6位

髙木菜那
長距離（マススタート、チームパシュートなど）

日本の女子選手初 同一大会二冠の快挙

2014年ソチ大会からオリンピック3大会連続で出場。2018年平昌大会では、妹の髙木美帆らとともにチームパシュートで金メダルを獲得。新しく採用されたマススタートでも金メダルに輝き、この種目の初代女王となる。日本の女子選手として、夏・冬オリンピックを通して、初めてひとつの大会で二冠を達成し

た。2022年北京大会では、チームパシュートで転倒するも銀メダルを獲得した。

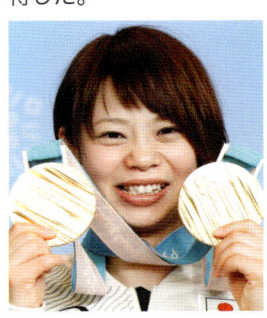

●おもな実績
2015年 世界距離別選手権 チームパシュート優勝
2018年 平昌オリンピック チームパシュート、マススタート 金メダル
2022年 北京オリンピック チームパシュート銀メダル

スピードスケートの歴史をつくった海外の選手たち

クラス・ツンベルグ／フィンランド

■1893年生まれ～1973年没　■500m～10000m

出場した5種目すべてのメダルを獲得

　国際的に活躍した、歴史上初のスピードスケート選手といえる。オリンピック2大会で、計5個の金メダルを獲得した。30歳で出場した1924年のシャモニー・モンブラン大会で、男子1500m、5000m、総合の3種目で金メダルを獲得。さらに、10000mで銀メダル、500mで銅メダルと、出場した5種目すべてでメダルを獲得している。4年後のサン・モリッツ大会では、500mと1500mで金メダルの栄冠に輝き、世界をおどろかせた。

おもな実績
1924年 シャモニー・モンブランオリンピック
　1500m、5000m、総合金メダル
1928年 サン・モリッツオリンピック 500m、
　1500m金メダル

エリック・ハイデン／アメリカ

■1958年生まれ～　■500m～10000m

驚異のオリンピック全種目金メダル

　1977年から1979年まで、世界選手権、世界スプリント選手権を3連覇した。1980年、地元アメリカでおこなわれたレークプラシッドオリンピックで、500m、1000m、1500m、5000m、10000mの5種目すべての金メダルを獲得。しかも最終種目の10000mでは、世界記録を樹立した。21歳の若さで全種目を完全制覇、頂点に立った快挙から、「パーフェクト・ゴールドメダリスト」とよばれる。

おもな実績
1977年 世界選手権、世界スプリント選手権
　総合優勝（1979年までともに3連覇）
1980年 レークプラシッドオリンピック 500m、1000m、
　1500m、5000m、10000m金メダル

ボニー・ブレア／アメリカ

■1964年生まれ～　■500m・1000m

スケート史上初のオリンピック3連覇

　オリンピックには、1984年のサラエボ大会から4大会連続出場。女子500mでカルガリー、アルベールビル、リレハンメルの3大会連続で金メダルを獲得した。スピードスケート同一種目のオリンピック3連覇は、男女を通じ史上初の快挙。1000mでは、アルベールビル大会とリレハンメル大会で金メダルに輝いた。

おもな実績
1988年 カルガリーオリンピック 500m金メダル
1992年 アルベールビルオリンピック 500m、1000m
　金メダル
1994年 リレハンメルオリンピック 500m、1000m
　金メダル

ヨハン・オラフ・コス／ノルウェー

■1968年生まれ～　■1500m～10000m

オリンピックで三冠、子どもたちを支援

　1992年のアルベールビルオリンピックは、1500mで金メダル、10000mで銀メダルを獲得。自国ノルウェーで開催された1994年リレハンメル大会では、

1500m、5000mをオリンピック記録で、10000mを世界新記録で制し、三冠を達成した。金メダルの報奨金はオリンピック・エイドに寄付。サラエボの戦争犠牲者に対する支援活動でも知られる。

おもな実績
1992年 アルベールビルオリンピック 1500m金メダル
1994年 リレハンメルオリンピック 1500m、5000m、
　10000m金メダル

さくいん

監修

佐野 慎輔（さの しんすけ）

1954年、富山県生まれ。産経新聞社スポーツ記者として野球15年、オリンピック15年担当。編集局次長兼運動部長、取締役サンケイスポーツ代表、特別記者兼論説委員などを歴任し、2019年退社。2020年から尚美学園大学教授として教壇に立ち、産経新聞客員論説委員、笹川スポーツ財団理事、日本スポーツフェアネス推進機構体制審議委員などを務める。近著に『西武ライオンズ創世記』（ベースボール・マガジン社）、『嘉納治五郎』『中村裕』（小峰書店）など。近共著に『スポーツの現在地を考える』『地域スポーツ政策を問う』（ベースボール・マガジン社）、『スポーツとスポーツ政策』『オールアバウト・ベースボール』（創文企画）、『2020＋1東京大会を考える』（メディアパル）など。

アスリートでたどる ジャパンスポーツ⑤
スキー・スケート

発　　行　2025 年 4 月　第 1 刷

監　　修　佐野慎輔

発行者／加藤裕樹
編　集／堀 創志郎　岩根佑吾
発行所／株式会社ポプラ社
　　　　〒141-8210　東京都品川区西五反田3-5-8
　　　　JR目黒MARCビル12階
　　　　ホームページ　www.poplar.co.jp
　　　　kodomottolab.poplar.co.jp
　　　　（こどもっとラボ）
印刷・製本／株式会社瞬報社

編集協力　株式会社ジャニス
　　文　　榎本康子　宮嶋幸子　大野益弘
写　　真　フォート・キシモト
デザイン　門司美恵子（チャダル108）
Ｄ Ｔ Ｐ　関口栄子（Studio Porto）
画像調整　小山和彦
校　　正　あかえんぴつ

あそびをもっと、
まなびをもっと。

こどもっとラボ

アスリートでたどる ジャパンスポーツ

JAPAN SPORTS

監修・佐野慎輔

全5巻

小学高学年～中学生向け
図書館用特別堅牢製本
B5変型判 / 各63ページ / オールカラー